Otto Bennhof

Vorläufiger Bericht über zwei österreichische Archäologische

Expeditionen nach Kleinasien

Otto Bennhof

Vorläufiger Bericht über zwei österreichische Archäologische Expeditionen nach Kleinasien

ISBN/EAN: 9783743654136

Hergestellt in Europa, USA, Kanada, Australien, Japan

Cover: Foto ©Andreas Hilbeck / pixelio.de

Weitere Bücher finden Sie auf **www.hansebooks.com**

VORLÄUFIGER BERICHT

ÜBER ZWEI OESTERREICHISCHE

ARCHAEOLOGISCHE EXPEDITIONEN

NACH KLEINASIEN

.

VON

OTTO BENNDORF

Separatabdruck aus den archaeol.-epigraph. Mittheilungen aus Oesterreich
Jahrgang VI. Heft II

WIEN

DRUCK UND VERLAG VON CARL GEROLD'S SOHN

1883

In den grossen, im Wetteifer der Nationen sich immer energischer erweiternden Kreis archäologischer Forschungen, welche
seit einem Jahrhundert eine wissenschaftliche Renaissance der griechischen Kunst begründen, sind im Verlaufe des letzten Jahrzehnts
wiederholt österreichische Unternehmungen eingetreten. Mit glücklicher Hand leitete Conze im Jahre 1873 eine Expedition nach
Samothrake ein, welche zwei Jahre später wieder aufgenommen
und zu Ende geführt worden ist. Seine im Verein mit Alois Hauser
und George Niemann begonnenen Untersuchungen, welche die Wiener
Sammlung antiker Sculpturen um eine Anzahl neuer Erwerbungen
und die Culturgeschichte der hellenistischen Zeit um ein eigenthümlich lichtvolles Bild bereicherten, gelangten zu einem literarischen
Abschluss, der zu anderweitigem Einsetzen und gesteigerten Anstrengungen anregen konnte. Im Sinne einer Fortsetzung haben sich
ihnen daher im verflossenen und im laufenden Jahre fernere österreichische Unternehmungen angeschlossen. Eine 1881 mit Staats-
mitteln ausgeführte Forschungsreise im südwestlichen Kleinasien gab
Anlass und Vorbereitung für eine in grösserem Umfange veranstal-
tete diesjährige Expedition, deren Durchführung dem wissenschaftlichen Interesse und der patriotischen Opferwilligkeit eines Privat-
vereines hochstehender Kunstgönner verdankt wird. Diese beiden
jüngsten Unternehmungen stehen in so unmittelbarem Zusammenhang,
dass eine Berichterstattung erst jetzt, nach dem kürzlichen Abschluss
der letzteren, und nicht anders als über beide gemeinsam erfolgen
kann. Ich halte mit derselben nicht länger zurück, obschon sie in
der Hauptsache nur eine vorläufige Summe erster Beobachtungen
zu bieten vermag, und darf dabei Erzählungen nicht ganz aus-
schliessen, welche vielleicht nur für die nächst betheiligten Kreise
von Interesse sein werden.

I

Nach Beendigung der zweiten Samothrakischen Publication im
Frühjahr 1880 erhielt ich Gelegenheit, dem um die Pflege archäo-

logischer Studien in Oesterreich hochverdienten früheren Minister
für Cultus und Unterricht, S. E. von Stremayr, einen Plan für die
Weiterführung der auf seinen persönlichen Antrieb zu Stande ge-
kommenen Orientforschungen vorzulegen.

Da der Archipel wie Griechenland selbst von Seiten des deut-
schen und französischen Institutes in Athen im Vereine mit einheimischen Gelehrten allenthalben untersucht wird, war das Augen-
merk auf Kleinasien gerichtet, dessen wissenschaftliche Ausbeutung
nach einer Reihe glänzender Erfolge an den Hauptfundstätten der
Westküste dringlicher im Vordergrunde steht. Nachdem der Norden
der Halbinsel durch die Ausgrabungen Schliemann's in Troja, des
Berliner Museums durch Humann in Pergamon, einer amerikanischen
Gesellschaft in Assos, wie durch anderweitige französische und
englische Unternehmungen in Myrina und Sardes in jüngster Zeit
einen überwiegenden Einsatz erhalten hatte, liess sich der seit lange
ausser Acht gebliebene Süden einer neuen Untersuchung bedürftig
bezeichnen. Es schien lohnend, das unbekannte Hochland von Karien
einmal zu durchstreifen und die durch eine Fülle eigenartiger Monumente anziehende Alpenlandschaft Lykiens zu bereisen, deren
Kenntniss vor mehr als vierzig Jahren durch Fellows, Spratt und
J. A. Schönborn erschlossen, aber seither nicht weiter verfolgt
worden war. Für eine nähere Prüfung empfahl sich insbesondere
die von Ludwig Ross aufgefundene Trümmerstätte des Hekatetempels
zu Lagina in Karien, über welche Ch. T. Newton später vielver-
sprechende Mittheilungen gegeben hatte, und ein von J. A. Schönborn
in Gjölbaschi *) auf dem Strandgebirge zwischen Aperlai und Myra
entdeckter aber wieder in Vergessenheit gerathener Grabbau mit
griechischen Relieffriesen, über dessen Existenz und Beschaffenheit
einmal eingehendere Kunde zu erhalten jedesfalls als eine wissenschaftliche Pflicht hingestellt werden konnte **).

---

*) Schönborn und nach ihm Ritter und Kiepert schrieben „Gjölbaghtsche"
(d. i. Seegarten); übereinstimmend wurde uns jedoch von verschiedenen Schriftkun-
digen, namentlich den beiden Kaimakam von Kasch und Elmalü „Gjölbaschi" (See-
haupt oder -Ende) als der wahre Name angegeben.

**) Literarisch beachtet finde ich die Entdeckung Schönborn's lediglich in der
überaus gehaltreichen Abhandlung von Adolf Michaelis über das Nereidenmonument
von Xanthos *annali dell' instituto* 1874 S. 104 folg. Als „noch nicht näher untersucht"
bezeichnet Heinrich Kiepert in seinem Lehrbuche der alten Geographie, Berlin 1878
S. 125, 2 „die von Schönborn 1842 entdeckten Sculpturen von Kyaneae", womit er
ohne Zweifel das Heroon von Gjölbaschi verstand.

Dieser Plan. bei dem auf die Begleitung eines Architekten und Photographen gerechnet war, ward angenommen und fand, durch die auch hier fördernde Hand Eitelbergers befürwortet, die schliessliche Genehmigung von Seiten des gegenwärtigen Ministers für Cultus und Unterricht, S. E. Conrad von Eybesfeld. Zur erforderlichen Vorbereitung wurde mir mit Niemann im Herbst 1880 ein Studium der lykischen Denkmäler des britischen Museums in London ermöglicht. Mit Niemann liess sich Herr Hofphotograph Wilhelm Burger. dessen Mitwirkung bereits der zweiten Samothrakischen Expedition zu Statten gekommen war, zur Theilnahme bereit finden. Ausserdem schloss sich uns, um naturwissenschaftliche Zwecke zu verfolgen, in höchst willkommener Weise Dr. med. Felix von Luschan an. Dem überaus glücklichen und in mancher unerwünschten Lage bewährten persönlichen Zusammenstehen und der muthigen Ausdauer dieser Arbeitsgenossen, wie der nachdrücklichen Unterstützung, die wir von vielen Seiten fanden, dankt unsere Reise Ergebnisse, von denen eine im Auftrage des Ministeriums in Vorbereitung begriffene eigene Publication demnächst ausführliche Rechenschaft geben wird.

Durch Mittheilung kartographischen Materials und entscheidende Rathschläge hatte uns Heinrich Kiepert, durch Darleihung von Instrumenten meine hochverehrten Collegen Weiss, Hann und Oppolzer in den Stand gesetzt, die geographische Kenntniss der zu bereisenden Landschaften zu fördern. Gustav Hirschfeld und vor Allem Carl Humann in Smyrna, in dessen freundschaftlicher Energie unsere Interessen seither den sichersten Anhalt fanden, liessen uns Erfahrungen ihrer Orientreisen zu Gute kommen. Für Gewährung freier Fahrt waren wir dem österreichisch-ungarischen Lloyd, für Begünstigungen der Direction der Südbahn verpflichtet; ausserordentliche Förderung aber erwuchs unserem Vorhaben durch das persönliche Interesse, welches ihm S. E. der k. und k. Minister des Aeussern. der verewigte Freiherr von Haymerle, schenkte. Seine Verwendung sicherte uns die zeitweilige Assistenz eines Schiffes der k. und k. Marine, des Stationärs von Constantinopel, S. M. Raddampfer „Taurus", Commandant Fürst Wrede, und die selten verbindliche Weise, mit welcher der Stab dieses Schiffes die Expedition dienstlich unterstützte. trug wesentlich zu ihrem Gelingen bei. Geneigter Aufnahme hatten wir uns bei der k. und k. Botschaft in Constantinopel, fortlaufender Fürsorge von Seiten des z. Gerenten des Generalconsulates in Smyrna. Herrn Viceconsul von Pietschka, zu erfreuen, und der französische Viceconsul von Makri, Herr Ippolito Casilli, bot uns, als der einzige an diesem Platze ansässige Europäer, mit Rath und That willfährig denjenigen Anhalt, ohne den es bei unserer anfänglichen Unbekanntschaft mit Sprache und Sitte des Landes kaum möglich gewesen sein würde, unbehelligt in das Innere vorzudringen.

Am 6. April traten wir von Smyrna aus, nachdem wir uns dort dem Gouverneur Midhat Pascha vorgestellt hatten, auf dem „Taurus" die Fahrt nach dem Süden an. Unser nächstes Ziel war unfreiwilliger Weise Scio, das durch ein grosses Erdbeben soeben eine furchtbare Verwüstung erlitten hatte. Nach den traurigen Schilderungen, welche von Flüchtigen nach Smyrna gebracht worden waren und die ganze Stadt in Aufregung und Theilnahme versetzten, sah unser Commandant sich bestimmt, dem Beispiele einer französischen Fregatte, welche auf die erste Nachricht an den Unglücksplatz abgegangen war, zu folgen, um sich an den nächsten dringendsten Hilfeleistungen zu betheiligen. Er brachte eine bunte Menge hilfsgewillter Personen sammt einem grossen Transport von Nahrungsmitteln und allerhand sonstigen, namentlich ärztlichen Bedarfstücken, die ihm aus dem Konak von Smyrna und einem durch Herrn Heintze organisirten Hilfscomité überwiesen worden waren, zur Stelle und trat in das Rettungswerk, das die verzweifelte Indolenz der Ueberlebenden ausschliesslich den herbeieilenden Fremden überliess, mit allen verfügbaren Kräften sofort energisch ein. Während er aus den Häusertrümmern der Stadt und ihrer nächsten Umgebung eine Anzahl Verunglückter ausgrub, fand F. von Luschan, dem der Schiffsarzt Herr Dr. Swoboda assistirte, in Daphnona, einem zwei Stunden weit im Gebirge gelegenen Dorfe, das mehr als ein Drittel seiner Bewohner verloren hatte und wie die meisten kleineren Orte auf der Ostseite der Insel noch weit härter als Scio selbst heimgesucht worden war, eine entsetzlich grosse Aufgabe vor, die er mit unermüdlicher Hingebung im Wesentlichen erledigte. Die Calamität war so trostlos allgemein und das bisherige Aufgebot von Beistand so schwach und ungenügend, dass wir unsere Reise hätten verschieben oder aufgeben müssen, wenn nicht durch das alsbaldige Eintreffen neuer Schiffe, unter Anderem aller Stationäre von Constantinopel, Ersatz und durchgreifende Hilfe geboten worden wäre.

Die weitere Küstenfahrt benutzten wir zu einem kurzen Besuche von Halikarnass, Kos und Knidos. An dem letzteren Orte, der uns durch seine an Girgenti erinnernde landschaftliche Herrlich-

keit besonders anzog, sind seit den englischen Ausgrabungen so
viel Trümmer beseitigt und ganze Ruinencomplexe von Humus und
Vegetation so vollständig wieder überdeckt worden, dass es unmöglich war sich annähernd in dem Newtonschen Plane zu orientiren.
Enttäuscht durch einen raschen Rundgang in dem ganzen Stadt-
gebiete, beschäftigte uns eingehend dagegen die Untersuchung eines
Jurukenwebstuhls, den wir vor einer einsamen in die Trümmer einer
alten Mauer eingebauten Hütte im Freien aufgeschlagen fanden. Seine
zum Verwundern einfache Form – zwei aufrechtstehende Pfosten mit
zwei horizontalen ungehobelten Querhölzern, an denen die Kette
senkrecht aufgespannt ist — und die primitive Art der Arbeit,
welche von einer Frau, die den Einschlag mit der Hand ohne Web-
schiffchen durchführt, kauernd oder stehend geleistet wird, ist in
den neuerlichen Untersuchungen über die Webstühle der Alten un-
beachtet geblieben. Diese sicherlich uralte Technik, die wir dann
in Lykien und Karien, an manchen Orten allerdings neben der
entwickelteren Form eines Webstuhles im eigentlichen Sinne des
Wortes überall antrafen, soll in ganz Kleinasien verbreitet sein, wie
sie denn durchaus ähnlich sich auch in vielen Theilen der Balkan-
halbinsel als Hausindustrie erhalten hat. Ein gutes Exemplar mit
angefangenem Gewebe und allem Zubehör gelang es später aus
einer Jurukenniederlassung auf dem Ujukludagh östlich von Mughla
für das österreichische Museum zu erwerben.

Auf Kos suchten wir im Westen der Stadt vergeblich nach
dem Orte, welcher in Olivier Rayets verdienstlicher Monographie
der Insel als der wahrscheinliche Platz des alten Asklepieion der
Beachtung empfohlen wird, stiessen dagegen in einem Weinberge
südwestlich nahe der Stadt auf die Ueberreste einer augenscheinlich späten Theateranlage, welche ich weder bei Rayet noch überhaupt sonst erwähnt finde, und in der Nähe desselben auf das Fragment eines ungewöhnlich colossalen weiblichen Kopfes aus Marmor,
der nach der Haartracht dem Portrait einer Kaiserin angehört haben
könnte. Von der gewaltigen Platane auf dem nach Hippokrates
benannten Stadtmarkte, deren altersschwache Zweige schon Choiseul-
Gouffiers Publication*) vor hundert Jahren durch untergespannte
Balken und eingebaute Säulen gestützt zeigt, nahm Burger Photographien auf. Desgleichen photographirte er vier an einer Aussen-
wand der alten Johanniterfestung eingemauerte Friesblöcke, in denen

---

*) Choiseul-Gouffier *voyage pittoresque* I pl. 59.

Ludwig Ross*) Ueberreste des Asklepieion vermuthet hatte, und
drei weitere noch unveröffentlichte, Rayet unbekannt gebliebene
im Innern der Festung, welche nach den Maassen und dem gleichen
Stil ihrer Reliefs zusammen von einem Gebäude herrühren, einem
wahrscheinlich dem Dionysos geweihten Tempel von Knidos, wie
Newton**) auf Anlass übereinstimmender dortiger Funde nachge-
wiesen hat.

Etwas länger verweilten wir in Loryma, das bisher nur einmal, von Ludwig Ross, besucht worden war. Hier nahmen wir,
während Herr Linienschiffslieutenant Carl von Sinkowski eine neue
Vermessung der ganzen Bucht durchführte, die drei merkwürdigen Festungen auf, welche den vorzüglich geschützten Hafen be-
herrschen und durch die Unterschiede ihrer örtlichen Lage und
ihrer Bauart von der Bedeutung und der Geschichte des interes-
santen Platzes, der vor der rhodischen Herrschaft sicherlich ein
Sitz karischer Seeräuberei war, ein überraschend deutliches Bild
geben Von Loryma rührt die folgende Künstlerinschrift her:

ΣΟΦΩΝΣΩΤΕΙΡΑΙ

ΑΘΑΝΟΔΩΡΟΣ

ΕΠΟΙΗΣΕ

welche mit andern gelegentlichen Erwerbungen, die uns der Zufall
an den berührten Orten zuführte, seither in den Bestand der
kaiserlichen Kunstsammlungen übergegangen ist. Auch in Rhodos,
wo wir für kurze Zeit weiter anlegten, fehlte es nicht ganz an
neuer Ausbeute. Unter Anderem erhielten wir einige vorzügliche
Specimina altrhodischer Kunst aus der gegenwärtigen Sammlung
der Gebrüder Bigliotti, welche in wüster Unordnung eine erstaunlich
grosse Zahl von Vasen und Terracotten aus Siana, angeblich dem
alten Mnasyrion, enthält und eine traurige Vorstellung von der
Schatzgräberei gibt, wie sie seit den grossen Ankäufen des britischen
Museums jetzt vielfach auf der Insel betrieben wird.

Von Rhodos steuerte der „Taurus" an die Südküste von
Lykien, nach Kekowa-Aperlai, wo er in der kleinen tiefen Bucht

---

*) Ludwig Ross, Archäologische Zeitung 1846 S. 281 ff. Taf. XLII. Archäo-
logische Aufsätze II S. 402 ff. Taf. VII, Reisen auf den griechischen Inseln IV S. 13.

**) Ch. T. Newton *history of discoveries at Halicarnassus, Cnidus and Bran-
chidae* vol. II S. 633. *Antiquities of Jonia* III London 1840 S. 24 chap. 1 pl. I.
im Plane unter *S.*

östlich von dem malerisch gelegenen Castell, mit vier Tauen an die steilen Uferklippen angebunden, einen gesicherten Posten fand. Wir beabsichtigten, mit dem Rückhalte, den uns das Schiff für eine erste Streiftour in das Ungewisse bieten konnte, dem einen Hauptziel unserer Reise, dem von Schönborn entdeckten Heroon von Gjölbaschi, von hier aus nachzugehen. Da Schönborn den auf einsamen Irrwegen gefundenen Bau in einer von ihm selbst veröffentlichten kurzen Notiz, wie es scheint absichtlich, ohne Ortsangabe beschrieben hatte *) und auch eine von Carl Ritter aus seinen Tagebüchern gezogene ausführlichere Beschreibung **) immerhin beträchtlichen Spielraum für das Suchen liess, überdies die Befürchtung nicht abzuweisen war, dass die von ihm gesehenen Dinge überschätzt oder überhaupt nicht mehr vorhanden sein könnten, so brachen wir in der Richtung die eine mitgetheilte Itinerarzeichnung Kieperts anwies, mit begreiflicher Spannung in das Küstengebirge auf. In bereits sommerlicher Glut war der Anstieg auf noch ungewohnten ungemein mühsamen Steilpfaden, wie sie in ganz Lykien eine wahre Landplage bilden, höchst beschwerlich, und eine vorläufige Untersuchung zweier noch unbekannter antiker Ortschaften, über die der Weg führte, hielt uns auf. Spät und erschöpft kamen wir auf dem gegen 1800 Fuss hohen Rande des Küstenplateaus an, aber hier liess sich bereits der Gipfel von Gjölbaschi von Weitem erkennen und noch am Abend desselben Tages waren wir so glücklich ihn zu erreichen. Wir verdoppelten unsere Anstrengungen, als wir auf der Sattelhöhe des steilen Berges angelangt die von Schönborn geschilderten Stadttrümmer mit ihren Sarkophagen erkannten und bald darauf an dem Ostende der nach Norden weiter aufsteigenden Akropolis die Reliefstreifen einer langen Mauer erblickten, die dem Heroon angehören musste. Vorauseilend arbeitete ich mich durch dorniges dichtes Gebüsch und Steingeröll athemlos rasch empor, auf das Eingangsthor zu, das sich in bedeutendem Abstande über den steilabfallenden Abhang, in der Mauer öffnete. Ohne bei dem Nächstliegenden, das in seiner Eigenart die Erwartungen steigerte, zu verweilen, kletterte ich erregt in den Steinfugen der Mauer zur Thorschwelle hinauf und sah mich im Innern der Ruine plötzlich einer Fülle von Bildwerk gegenüber, die von

---

*) *Museum of classical antiquities* vol. I S. 41 folg.
**) Carl Ritter die Erdkunde von Asien Band IX, Kleinasien Theil II S. 1138 folg.

benachbarten hohen Bäumen überragt und von innen aufgeschossener Vegetation theilweise reizvoll verdeckt, im Glanze der sinkenden Sonne einen wunderbaren Anblick gewährt». Ich bekenne, dass diese ersten Augenblicke der Betrachtung an dem langerstrebten und nun glücklich erreichten Ziele, in lautlos weihevoller Stille und Abgeschiedenheit einer grossartig ausgebreiteten Natur, Steinwildniss ringsumher, mit dem Ausblick auf eine von Schneeketten umsäumte schluchtenreiche Gebirgslandschaft und das hochgewölbte endlose Meer, zu den tiefsten Eindrücken meines Lebens zählen.

In schlichten Worten, die zu wiederholen Pflicht ist, hatte der erste Entdecker, dessen noch keineswegs nach Verdienst bekannten tapferen Recognoscirungen wir seither mit besonderer Theilnahme gefolgt sind, den Gesammtcharakter der Sculpturen treu und treffend ausgesprochen. Nachdem er das Mauerviereck mit seinen beiden innen umlaufenden Relieffriesen, welches den grossen offenen Hof der Grabstätte einfriedet, eingehend beschrieben, sagt Schönborn, dass er sich in Verlegenheit finde, was er über die Reliefs selbst sagen solle. „Ich würde es vermögen, wenn ich mich hätte entschliessen können, Notizen zu machen, statt mich an der Schönheit derselben und an dem Gegenstande, den sie bieten, zu erfreuen und sie zu bewundern. War es doch der trojanische Krieg, den ich vor mir hatte, Homer's Schöpfung in bildlicher antiker Darstellung, und ich gestehe, dass ich mich daran nicht satt sehen konnte. Wer hätte auch lange zweifeln können, was ihm vor Augen stehe. Das Relief in der Ecke der Westseite zeigt den Achilles sitzend bei dem hochgeschnäbelten Schiffe, voll Erbitterung den Kopf mit der Hand unterstützend. Es folgt der Herold, der die Versammlung beruft, und die Krieger kommen, Schlachtscenen reihen sich an, auf die Stadt selbst wirft sich der Kampf, an dem Thore wird gestritten, die Schaar der Greise sitzt über dem Thore und so zieht sich Bild an Bild hin, ein reiches Leben mit griechischer Sicherheit in den Gruppen, in den Bewegungen, in den Proportionen der einzelnen Gestalten entworfen. So sehr auch die Oberfläche des Steines durch die Zeit mitgenommen ist, das Auge mag nicht von demselben lassen. Tritt man nahe an die einzelnen Reliefs heran, so ist die Zerstörung freilich zuweilen so weit vorgeschritten, dass man kaum die Gestalt noch erkennt, und man ablassen muss, die Züge der Gesichter im Einzelnen studiren zu wollen; denn das verwehrt die schadhafte Oberfläche, aber das Ganze macht einen so erhebenden Eindruck, wie ich ihn auf meiner ganzen Reise nicht wieder gehabt habe. Ich trage kein Bedenken es auszusprechen, dass diese Reliefs in gehöriger Höhe aufgestellt jedem Museum zu einer wahren Zierde gereichen würden, wie reich es auch sonst ausgestattet sein mag, und ich bin auch eben so fest überzeugt, dass jeder, der diese Monumente nach Europa führt, einen bedeutenden Gewinn bei dem Verkaufe haben würde" *).

Unser Erstaunen wuchs, als wir eine Reihe weiterer Gegenstände, unter Anderem höchst bewegte Amazonen- und Kentaurenkämpfe, die Jagd des Meleager, eine längere Darstellung des Freiermordes der Odyssee erkannten und in allen diesen Stoffen einen Reichthum von Erfindung sich entwickeln sahen, welchen bestimmter zu würdigen erst der heutige Stand kunstgeschichtlicher Kenntniss befähigen konnte. Eine zeitliche und stilistische Verwandtschaft mit dem Nereidenmonument von Xanthos im britischen Museum fiel sofort in die Augen und forderte zu abwägenden Vergleichen auf, wobei die unleugbaren Vorzüge, die dasselbe an seinem statuarischen Schmuck und vornehmeren Material besitzt, durch den hier schlechthin gesicherten Zusammenhang der Composition und eine ungleich grössere gegenständliche Mannigfaltigkeit aufgewogen erscheinen konnten. Scharf empfanden auch wir den theilweisen Ruin, der bei einer Jahrtausende langen Aufstellung unter freiem Himmel nur allzubegreiflich war, aber auch wenn man sich dem Eindruck desselben völlig überliess, konnte es kaum einen Augenblick zweifelhaft sein, dass die prophetischen Schlussworte des Schönbornschen Berichtes ernstlich zu beherzigen wären. Zu Ausgrabungen, die für eine volle Aufnahme des ganzen Monumentes unerlässlich gewesen wären, waren wir nicht ermächtigt, und nur für wenige

---

*) Aehnlich spricht sich Schönborn im *Museum of classical antiquities* 1 S. 43 aus: „*From consideration of the subject they represent, from the certain connexion of the bas-reliefs with this place, and from their beauty, (notwithstanding they have greatly suffered from time, and are in very low relief.) I should assign to them the first place among the sculptured remains of Lycia; and, therefore, earnestly desire that they may be sufficiently known before they stand the chance of being destroyed or lost. The latter evil has already commenced. Between my first and second visits, two travellers, on their way from Egypt, passed this way, accompanied by an Egyptian Turk. The latter, whom I met on his return, told me that they had removed on camels the two corner stones of the exterior sculptures — which I had missed after my first visit — and had taken them to Smyrna. (Dies ist aus verschiedenen Gründen unmöglich.] ...In another year I shall probably be in a position to give you additional and more precise information. I hope to be able to revisit this country* etc. Eine Erfüllung dieses Wunsches blieb Schönborn versagt.

Tage noch durften wir auf den Beistand des Kriegsschiffs rechnen.
Es galt zur Vornahme einer solchen Arbeit oder im glücklicheren
Falle für den Gewinn der Originale selbst mit allem erforderlichen
Apparat ausgerüstet späterhin zurückzukehren, und was sich jetzt
thun liess, konnte nur vorbereitender Natur sein. Ungesäumt gingen
wir an das Werk. Um durch eine Rückkehr an Bord keine Zeit
zu verlieren, quartierten wir uns, obwohl es an allem Nöthigen
fehlte, in einer elenden Hütte, der einzigen die in der Nähe der
Ruinen anzutreffen ist, mit geliehenen Decken ein und begannen am
andern Morgen in aller Frühe das Innere des Heroon von Vegetation zu säubern, wobei mehrere Sarkophagfragmente und einige
lose umherliegende Reliefblöcke, die offenbar aus den Frieslücken
herrührten, allsogleich zum Vorschein kamen. So gut es in der
Eile nebenher geschehen konnte, untersuchten wir die schwer zugängliche kleine Akropolis und die an ihrem Süd- und Westabhange
unter verzweifeltem Gestrüpp sich hinziehenden Grabmonumente,
leider ohne auf eine lesbare Inschrift zu stossen, die den antiken
Ortsnamen hätte verrathen können. Im Ganzen verwandten wir
nicht mehr als zwei Tage allerdings angestrengter Arbeit auf das
Studium des Schönbornschen Peribolos, und empfanden es als ein
Glück dass Herr Burger, der vom Schiff herauf nachkam, dasselbe
durch achtzehn Photographien, die ihm innerhalb vierundzwanzig
Stunden gelangen, ergänzen konnte. Mit diesem Besitze gingen wir,
vorläufig befriedigt und auf eine baldige Rückkehr vertrauend, wieder
zurück, um unsere Reise nach Makri, dem alten Telmessos, auf dem
„Taurus" fortzusetzen.

Ueber den weiteren Verlauf unserer Fahrt, welche in der Karten-
skizze Niemanns auf Tafel V verfolgbar ist, kann ich mich kurz
fassen, um so mehr als ihre wissenschaftlichen Einzelergebnisse in
Lykien eine wie immer beschaffene Nachlese zu der vollen Ernte
der genannten früheren Forscher bezeichnen. Die auf einen ersten
kühnen Wurf meisterlich gelungene Landkarte von Spratt bedarf
wie natürlich noch vielfacher Nachbesserung und täuscht zuweilen
über das wirklich erreichte Wissen durch eine gleichmässige Voll-
ständigkeit, welche vielleicht überwiegender auf Schlüssen als auf
Beobachtungen beruht. In den Beaufortschen Aufnahmen der Küste
stellten sich entschiedene Fehler heraus, welche um so belangvoller
sind. da die englische Seekarte die einzige Grundlage für den Auf-
bau der Itinerarzeichnungen bildet. Die antike Chorographie Lykiens

kann wohl in der Hauptsache nach unseren zahlreichen Kreuz- und Quertouren der beiden letzten Jahre jetzt für erschöpft gelten, neue grössere Ortschaften wenigstens werden kaum in irgend einem dunklen Winkel' der zerrissenen Gebirgslandschaft mehr vorauszusetzen sein. Vollauf zu thun gibt es jedoch noch überall, zumal an den grösseren Trümmerplätzen, welche bisher kaum mehr als flüchtige Musterungen erfahren haben, eindringenderen Studien freilich, wie in Tlos und Patara, durch ihre grandiosen Wildnisse ungewöhnliche Schwierigkeiten in den Weg legen. Wie wir uns überall, wo wir eingehender Umschau hielten, durch vielfache Funde namentlich von Inschriften belohnt sahen, so dürfte auch in Zukunft weniger von raschem Reisen als von längerem Verweilen an einzelnen Orten eine Erweiterung der Kenntniss zu gewärtigen sein. Schwerlich werden aber diese genaueren Erforschungen das Gesammtbild erheblich ändern, welches sich schon jetzt durch Verwerthung aller vorliegenden Beobachtungen unter Controle von Autopsie, über die Cultur und Geschichte des Landes gewinnen lässt. Wie ich überzeugt bin, wird sich dasselbe wesentlich anders und durchgängig einfacher gestalten, als nach den begeisterten Schilderungen des grossen Ritterschen Werkes zu ahnen war. Trügt nicht Alles, so darf die sicherlich überschätzte Lebenshaltung der alten Hauptbevölkerung unmöglich wesentlich höher angenommen werden, als die primitiven heutigen Zustände veranschaulichen. welche sich als ein kaum anders fassbares Ergebniss der bleibenden Bodenbeschaffenheit darstellen, und sie ist für die meisten Theile des Landes bis in späte Zeiten scheinbar ohne jede Entwickelung geblieben. Abgesehen von den unteren Theilen des Xanthosthales und einigen Küstenorten ist der interessante Process einer allmählichen Gräcisirung, der sich an den Monumenten verfolgen lässt und gegenwärtig in analogen Formen zu wiederholen beginnt, erst unter dem Schutze der römischen Herrschaft in Fluss und zu einem endlichen Abschluss gekommen. Bezeichnend dafür ist, dass von den Tausenden verwitterter Kalksteininschriften, die in ihrer stereotypen Leere die Geduld des Entziffernden ermüden, abgesehen natürlich von den lykischen, die wir um eine immerhin beträchtliche Reihe, freilich um keine neue bilingue vermehren konnten. nur eine verschwindend kleine Zahl in vorchristliche Zeit hinaufreicht. Anticaglien, Bronzen und Terracotten, woran es in Gebieten alteingesessener griechischer Cultur kaum irgendwo zu fehlen pflegt, sind uns trotz aller Nachfrage so wenig wie früheren Reisenden vorgekommen, eine Thatsache, die

sich aus der Indolenz der heutigen Bevölkerung und dem niedrigen
Stande ihrer Bodenwirthschaft unmöglich allein herschreibt. An
Münzen wurde uns überall byzantinisches Kupfer in grosser Menge
und meist elend erhaltene Bronzen der römischen Kaiserzeit ange-
boten. Leidlich conservirte lykische Münzen, namentlich von Silber,
waren überaus selten und gingen hoch im Preise. Dies macht
freilich zunächst die regelmässige Nachfrage begreiflich, welche von
Smyrna und Makri-Lewissi aus, an welchem letzteren Orte ein be-
rüchtigter Münzfälscher seinen Wohnsitz aufgeschlagen hat, durch
umherziehende Agenten überraschender Weise bis in die entlegen-
sten Gebirgsorte betrieben wird.

Nach Beendigung unserer lykischen Reise, die im Verlaufe
eines vollen Monates uns an alle Hauptorte im Westen und Süden
der Landschaft geführt und unter Anderem die Entdeckung einiger
neuer Ruinenplätze und des lykischen Bundesheiligthumes südlich von
Xanthos, ferner durch Inschriftenfunde, wie ich glaube, Klarheit über
die streitige Lage des Kragos und Antikragos und eine Veränderung im unteren Xanthoslaufe ergeben hatte, brachen wir Anfang
Juni von Makri aus nach Norden über Kadyanda in das rauhe
Gebirgsland auf, welches Lykien von Karien scheidet. Dieser Theil
der Reise war der beschwerlichste von allen, aber durch Aufklär-
ungen über ein noch völlig dunkles, an Naturschönheiten überrei-
ches Gebiet vollauf belohnt. Zwei Paare zusammenhängender lang
verlaufender Alpenketten, im Norden der Boz- und Sandiras-dagh,
im Süden der Pirnas- und Eldschik-dagh sind es, die in weitem
nahezu parallelem Abstande von einander den Lauf des mächtigen
Dolomantschai, der von seinem Ursprung in der südlichen Kibyratis
bis zu seiner Mündung im Ganzen vier verschiedene Namen trägt,
begleiten und in zahllosen rasch und wild abfallenden Querthälern
mit ihrer Wasserfülle speisen. Auf einem hohen Passe östlich vom
Eldschik-dagh übersetzten wir den Südrand dieses gewaltig abgeschiedenen, von menschlicher Cultur nur oasenweise berührten Gebietes,
aus dessen unabsehbarem Urwalde von hohen völlig unterholzlosen
Fichten und Tannen die alten Kaunier ihren Reichthum gewonnen
haben mögen. Durch falsche Angaben verleitet irrten wir in demselben ohne Führer mehrere Tage lang auf und ab, bis wir den bisher nur dem Namen nach bekannten Eskereboghazpass erreichten,
der uns zwischen dem Boz- und Sandiras-dagh hinüber in das ka-
rische Hochland brachte. Statt hier in einen unwegsamen Gebirgs-
district zu gerathen, welcher angeblich nur im Hochsommer von

Turkmenen bewohnt, und durch Räuberbanden unsicher gemacht sein sollte, waren wir überrascht, in eine ausgedehnte gutbebaute und künstlich bewässerte Ebene mit zahlreichen Dorfschaften und einer sesshaften wohlbegüterten Bevölkerung einzutreten, deren Cultur wohlthätig gegen die prähistorische Armuth der lykischen Alpenweiler abstach. In dieser Ebene (Eskeretschukuruowassi) auf der wir vergeblich nach Ruinen Umfrage hielten, vermuthet Kiepert die von Stephanos von Byzanz erwähnte Skiritis. Ihre Gewässer bilden die ersten Zuflüsse des am Eskereboghazpass entspringenden Aktschai (Harpasos), der sich mithin früheren Voraussetzungen entgegen als der längste Nebenarm des Maiander herausstellt. Wir konnten seinen Lauf vorläufig nur bis zu dem Dörfchen Irmak verfolgen*) und zogen auf einem nach Dawas führenden Karawanenwege, welchen P. v. Tschihatscheff bereits einmal eingeschlagen, aber mit gänzlich ungenauen Angaben bezeichnet hatte, rückwärts über eine lange in vier Haupterhebungen sich aufbauende Gebirgskette, welche das Gebiet des Harpasos von demjenigen des Marsyas abtrennt, zwischen dem Göktepe und Ujukludagh hindurch, in die reiche Hochebene von Mughla, um nach einem kurzen Aufenthalte an diesem Orte und in Stratonikeia, an das zweite Hauptziel unserer Reise, den Hekatetempel von Lagina, zu gelangen.

Seine Ueberreste liegen, zwei Stunden nordwestlich von Stratonikeia unterhalb des heutigen Dorfes Ileïna, in dem sich unverkennbar der alte Ortsname erhalten hat, auf einem bebauten grossen Felde, welches weithin ein muldenförmig flaches Thal beherrscht. Hier fanden wir die ausgedehnten stellenweise hoch gehäuften Trümmer malerisch umwachsen, schon in ihrer Ausbreitung und dem durchgängig verwandten edlen Baumaterial, einem grosskörnigen weissen hin und wieder etwas ins Bläuliche spielenden Marmor, das Zeugniss des Strabon bestätigend, der das Heiligthum besonders ansehnlich nennt.

Man erkennt auf den ersten Blick die Hauptanordnung wie sie in der vorläufigen Planskizze Newtons nach Lieutenant Smiths

---

*) Unsere Aufnahmen und Beobachtungen sind wenige Monate später durch den österreichischen Consularagenten von Aidin, Herrn Bratič, bestätigt worden, der von ihrer Mittheilung Anlass nahm den Lauf des Aktschai vom Maianderthale aus bis in die Eskeretschukuruowassi zu verfolgen.

Aufnahmen mitgetheilt ist. Das Areal war eingefasst durch eine ungewöhnlich grosse Säulenhalle dorischer Ordnung. So weit nach der Bodenformation und einzelnen zu Tag liegenden Baustücken eine annähernde Vorstellung zu gewinnen ist, beschrieb sie ein Oblongum von ungefähr hundertsiebenzig Metern Länge in nordwest-südöstlicher Richtung und etwa hundertdreissig Metern Breite in südwest-nordöstlicher Richtung. Im Südwesten steht eine vierzehn Fuss hohe Thür noch jetzt aufrecht, aus zwei etwas gegeneinander geneigten monolithen Pfosten und einem Sturz bestehend, offenbar zu

a   b

```
           ΩΣ Υ Σ Α Ω Ρ Μ Ε Ν Ε Λ Α Ο Υ Τ Ο Υ Φ Ι Λ Ι Ρ Ρ
   Ο Ι Ε Ρ Ε Υ Σ Τ Η Σ Ε Κ Α ΦΙ Σ Κ Α Ι Ρ Α Ν Φ Ι Λ Η Ρ Α Ι Ω Ν Ι Ο Υ Κ Ω Η Ι Ε
   Ε Ν Τ Ω Ι Τ Η Σ Ι Ε Ρ Α Τ ΦΑ Σ Χ Ρ Ο Ν Ω Ι Ε Ι Σ Τ Α Σ Υ Ρ Ε Ρ Τ Ο Υ Σ Ε Β Α Σ
   Θ Υ Σ Α Σ Τ Ω Ν Μ Ε Ν Γ ΦΙ Ε Ι Τ Ω Ν Ε Κ Α Σ Τ Ω Ι Α Ν Α Δ Ρ Α Χ Μ Α Σ Δ Ε Κ
     Λ Φ Α Λ Λ Ο Ι Τ Γ ΦΤ Ο Ι Σ Κ Α Τ Ο Ι Κ Ο Υ Σ Ι Ν Τ Η Ν Ρ Ο Λ Ι Ν Κ Α Ι Τ
```

Χρ|υσάωρ Μενελάου τοῦ Φιλίππ
ὁ ἱερεὺς τῆς Ἑκά[τ]ης καὶ Πανφίλη Παιωνίου Κῶ ἡ ἱε
ἐν τῶι τῆς ἱερατ[εί]ας χρόνωι εἰς τὰς ὑπὲρ τοῦ σεβασ
θυσ[ί]ας τῶν μὲν [πολ]ειτῶν ἑκάστωι ἀνὰ δραχμὰς δέκ
τοῖς δ]ὲ ἄλλοις [ἔτι] τοῖς κατοικοῦσιν τὴν πόλιν καὶ τ

diesem Peribolos gehörig. Ueberbleibsel einer Theateranlage, welche Newton ausserhalb desselben in der Nähe wahrnahm, wie denn nach inschriftlichen Zeugnissen ein Theater in der That dem Heiligthum nicht gefehlt haben kann, sind uns nicht aufgestossen.

Innerhalb des Peribolos, in einer zur Längenachse desselben parallel verlaufenden Linie liegen zwei getrennte Ruinenhaufen, welche zwei verschiedenen, aber in gleicher Weise nach Südosten orientirten Säulenbauten angehören. Der grössere von beiden im Nordwesten ist der Tempel der Hekate, der kleinere mag, wie vermuthet worden ist, ein dem Kaisercult gewidmetes späteres Heiligthum gewesen sein; das letztere, möglicher Weise mit der Anlage des Peribolos gleichzeitige, war dorisch, der erstere, den wir nach vollständiger Beseitigung aller Vegetation gründlicher untersuchen konnten, korinthisch mit attischen Basen. Er war peristyl und hatte höchst wahrscheinlich elf Säulen auf den Langseiten, sicher sechs, nicht acht, an den Fronten. Die Cella, deren mit Platten ausgelegter Fussboden ziemlich hoch über demjenigen des Peristyls lag, misst acht

Meter in der Breite, fünfzehn in der Länge, war ohne Opisthodom und durch eine genau in der Mitte liegende Quermauer in zwei Theile, einen Innenraum für das Cultusbild und einen tiefen Pronaos geschieden, der sich mit zwei zwischen Anten stehenden in situ noch bemerkbaren ionischen Säulen gegen den Eingang öffnete. Als zum Pronaos gehörig erkannten wir sowohl nach ihrer Lage als nach ihren Maassen zwei Epistylstücke mit Inschriften, die bereits Newton veröffentlicht hatte, und fanden dazu den noch fehlenden dritten Block, der die Inschrift ergänzte und abschloss *):

c^1 $\qquad\qquad\qquad\qquad\qquad$ c^2

O Y I E $\qquad\qquad\qquad$ E Π H N Γ E I Λ A T O Δ E

P H A E Γ H N Γ E Λ A N T O K / [I Ε Δ Ω I] $\quad$ Γ Λ I E I Σ T H N T O Y Θ E A

T O Y O I K O Y K A I Y Π E P T H [Σ E K A T] $\quad$ Y ꟷ ꟷ I Y Y F Y H N Σ

A K A I B O Y Λ E Y T A I Σ X A [N A Δ] $\quad$ A Σ E Σ M Y P I A Σ

H N X Y P A N A N A Δ P [A X M A Σ]

ου Ἴε $\qquad\qquad\qquad\qquad\qquad$ ἐπηγγείλατο δὲ

ρήα ἐπηγγε[ί]λαντο καὶ ἔδωκ[αν $\qquad$ καὶ εἰς τὴν τοῦ θεά

τοῦ οἴκου καὶ ὑπὲρ τῆς Ἑκάτ[ης $\qquad$ τρο]υ ἐπισκευὴν Ε

α καὶ βουλευταῖς χ̄ ἀνὰ δ[ραχμ]ὰς ἐξ μυρίας

ἣν χώραν ἀνὰ δραχμάς...

Die Inschrift hat keinen directen Bezug zu dem Gebäude, sondern bildete einen Bestandtheil periodisch fortgeführter Priesterlisten des Heiligthums, welche auf den Aussenwänden und Anten der Cella angebracht waren und wie in diesem Falle hin und wieder wohl auch sonst auf andere Theile des Baues übergriffen. Ohne alles was im Trümmerhaufen noch zu sehen war erschöpfen zu können, habe ich im Ganzen von mehr als fünfzig Quadern und Quaderfragmenten Listen dieser Art copirt**), wozu auch einzelne weitere Stücke, unter Anderem einige leider nicht unmittelbar zu sammenhängende Theile einer auf Sulla ***) und den mithridatischen Krieg bezüglichen grossen Urkunde gekommen sind.

---

*) Block a und c sind Eckstücke, der letztere ist in zwei Stücke zerborsten: c¹ und c². Die in [ ] gesetzten Buchstaben von c¹ fehlen jetzt und sind aus Newtons Copie (history of discoveries at Halicarnassus II S. 799 n. 101) wiederholt.

**) Drei derselben copirten kurz vorher und veröffentlichten inzwischen Hauvette-Besnault und Dubois bulletin de correspondance hellénique V Mars 1881 S. 185 f.

***) Zu dem von Newton a. a. O. S. 795 n. 99 publicirten Stücke sind zwei weitere grössere gekommen, in denen der volle griechische Namen des Sulla nnd derjenige des Königs Mithradates steht.

Mit besonderem Interesse spürten wir den Friesreliefs des Baues nach. Ihrer Höhe wegen (0,924 Meter) und weil die Balkendecke keinen Cellafries erlaubt, wie Niemann hervorhebt, gehören sie dem Aeussern des Tempels an und sind nach ihrer Lage und Fallrichtung in der Trümmerstätte zu urtheilen rings umlaufend gewesen. Ich zählte fünfzehn noch vorhandene Blöcke, wovon neun schon von Newton theils abgebildet theils beschrieben worden sind. Einige davon steckten so tief in den Trümmern, dass nur Theile erkennbar blieben; sie waren augenscheinlich weit besser erhalten als die oben aufliegenden. Das Relief ist sehr stark herausgearbeitet, in gedrängter Fülle von Figuren greift die Composition ohne Berücksichtigung der Fugen von einem Block auf den andern über. Da ein unmittelbares Aneinanderpassen vorerst nicht zu constatiren war, so liess sich über die zerrissenen Darstellungen, welche durchgängig mythologisch zu sein scheinen, kein sicheres Urtheil gewinnen und ohne Skizzen, die hier nicht möglich sind, würde eine ausführliche Beschreibung geringen Nutzen bieten. Von den neu gesehenen Reliefs hebe ich eine Scene der Gigantomachie, zwei einander abgewandt stehende Jünglingsfiguren welche die Motive der Gruppe von Ildefonso wiederholen, und eine besonders schöne weibliche Figur hervor welche verschleiert dasteht, die rechte Hand erhebt und einen Eros an der Brust hält. Stil und Ausführung ist griechisch, zuweilen römischem Geschmack sich nähernd, sicherlich aus hellenistischer Zeit.

Von der Tempelstätte ist Mancherlei in das heutige Dorf und in die Nachbarschaft verschleppt worden. Bausen, die wir von der Newtonschen Publication in der Hand hatten, zeigten dass die Reliefs in den letzten dreissig Jahren weiteren Verderb und wie es scheint absichtliche Verstümmelungen erlitten haben. Auch aus andern Beobachtungen gewannen wir die Ueberzeugung, dass es hohe Zeit sei die hier erhaltenen leicht zugänglichen Schätze in gründlicher Untersuchung zu heben.

II

Die Hoffnungen, mit denen wir nach beinahe viermonatlicher Abwesenheit zurückkehrten, sollten sich rasch erfüllen. Die Zeichnungen Niemanns und Burgers stattliche Sammlung wohl gelungener Photographien, welche von den bisher nur durch mehr oder weniger incorrecte flüchtige Aufnahmen bekannten Denkmälern und Denkmälergruppen Lykiens zum ersten Male einen treuen Begriff gaben, weckten Interesse, und eine Vereinigung von Sachkundigen, denen Eitelberger auf meine Veranlassung die Photographien des Heroon vorlegte, pflichtete nachdrücklich unserer Ueberzeugung bei, dass man eine Erwerbung der Originale zu erstreben habe. Es schien möglich, mit den in Gjölbaschi angezeigten Arbeiten auch Ausgrabungen in Lagina zu verbinden und jedesfalls geboten, die begonnenen Forschungen auf die weiteren Theile von Lykien und Karien auszudehnen. Ein in dieser Weise formulirtes und näher begründetes Programm fand Anklang und entscheidendes Entgegenkommen in einem Kreise von Männern, denen alle mit dem Kunstleben Wiens Vertrauten dankbare Verehrung zollen. Augenblicklich dringendere Verbindlichkeiten einer anderweitigen grösseren Kunstangelegenheit hielten S. E. Grafen Edmund Zichy und Herrn Nicolaus Dumba nicht ab, sofort für den neuen Plan einzutreten, und ihrer freundschaftlich vereinten energischen Initiative, die an Baron von Warsbergs Begeisterung für Kunst und Alterthum stetige Mithilfe fand, gelang es ihm in kurzer Frist die Verwirklichung zu sichern. Neben einer Förderung wissenschaftlicher Interessen überhaupt war dabei die Hoffnung massgebend, durch deren huldvolle Aufnahme die Genannten allerhöchsten Ortes ermuthigt wurden, die zu gewärtigenden Erwerbungen den kunsthistorischen Sammlungen des Kaiserhauses in ihre neue glänzende Heimstätte widmen zu können. In dieser Absicht entstand zu Anfang dieses Jahres ein Verein, der sich mit dem Wunsche, ähnliche Aufgaben auch in Zukunft zu verfolgen, als „Gesellschaft für archäologische Erforschung Kleinasiens" constituirte. Unter Vorgang Seiner k. und k. Hoheit Erzherzog Rainers und Seiner Durchlaucht des regierenden Fürsten Johann von und zu Liechtenstein traten in denselben beitragend die folgenden Mitglieder ein:

Dr. Richard Drasche Ritter von Wartenberg,
Nicolaus Dumba,
Carl Graf Lanckoroński,
Adalbert Ritter von Lanna in Prag,
Marco Freiherr von Morpurgo in Triest,
Friedrich Freiherr von Leitenberger,
Carl Preyssing,
Albert Anselm Freiherr von Rothschild,
Nathaniel Anselm Freiherr von Rothschild,
Julius Freiherr von Schwarz,
Edmund Graf Zichy von Vasonykeö.

Die Gesellschaft verstärkte sich durch Zuziehung der Herren Baron
von Andrian-Werburg, Benndorf, Bucher, Eitelberger, Hochstetter,
Kundmann, Baron von Warsberg, Zumbusch. und schritt unver-
weilt an die Vorbereitung einer neuen Expedition.

Die Ziele, die derselben gesteckt waren, forderten für die Durchführung zunächst eine grössere Zahl von Mitwirkenden und mit ihrem
Zutritt schien sich das gute kameradschaftliche Glück des vergangenen Jahres lediglich erweitern zu wollen. In der That war es
eine ungewöhnliche Fügung, dass ich nicht blos auf die erneute
Theilnahme Niemanns und von Luschans rechnen konnte, sondern
ausserdem für den besonders wichtigen Posten eines Ingenieurs von
Herrn Gabriel Knaffl-Lenz Ritter von Fohnsdorf und zum Beistand
für die Leitung des Ganzen von Eugen Petersen in Prag bereitwillige
Zusage erhielt. Dankbar habe ich sodann des Umstandes zu ge-
denken, dass S. E. Graf von Crenneville die Mitwirkung eines
Beamten der kaiserlichen Kunstsammlungen, des Custosadjuncten
Herrn Dr. Robert Schneider gestattete und dass das Ministerium
für Cultus und Unterricht Herrn Dr. Emil Tietze von der geolo-
gischen Reichsanstalt und den Herren Dr. Emanuel Löwy und Dr.
Franz Studniczka für archäologische Studien Gelegenheit bot, sich
uns anzuschliessen. Wie im vergangenen Jahre wurden wir von
Seiten des Reichskriegsministeriums mit dem geneigten Einverständ-
nisse Freiherrn von Calices durch Zuweisung des Stationärs von
Constantinopel S. M. Raddampfer „Taurus", Commandant Baritz
von Ikafalva, dessen schützende Assistenz dem Unternehmen dies
Mal bis zum Schluss gewährt blieb, und des Weiteren auch durch
Zutheilung des Feuerwerkers Johann Schuster und der Sapeure
Josef Cian, Johann Blaziza, Giovanni Mandruzzatto und Johann
Brancovič vom II. Genieregiment für die nothwendigen technischen
Arbeiten unterstützt. Als Grundlage für neue Routiers erhielten
wir von Heinrich Kieperts Hand einen als Manuscript vervielfäl-
tigten Kartenentwurf von Lykien und Karien, in dem unsere vor-
jährigen Reiseaufnahmen verwerthet waren. Auch von allen andern
Personen und Instanzen, die sich uns früher behilflich erwiesen
hatten, und von mehr als einer neuen Seite, die unserer Dankbarkeit auch ohne Anführung sicher ist, unter Anderem von den Herren
Contreadmiral von Pauer und Oberinspector Bömches in Triest,
Consul von Rémy und Bankdirector Heintze in Smyrna, erfuhren
wir die gleichen, oftmals weiter reichende Förderungen. Weit
über den Rahmen amtlicher Verpflichtungen hinaus erstreckte sich

namentlich die Theilnahme, mit welcher der österreichische Vice-consul von Rhodus, Herr Antonio Casilli, an seinem unserm Haupt-arbeiten nächstliegenden Platze treu rathend und helfend der Ex-pedition bis zu Ende beistand.

Nach Einlauf des von der Botschaft erwirkten Firmans, der auf die Dauer von zwei Jahren das Recht zu Ausgrabungen in Gjölbaschi und Lagina und den Besitz eines Drittels der Funde gewährte, konnten wir im April dieses Jahres aufbrechen. Wir hatten uns für die Gebirgseinsamkeit eines von aller Cultur abge-trennten kahlen Landes sorgfältig ausgerüstet und brachten zuver-lässiges Hilfspersonal mit an Ort und Stelle. Elf tüchtige Arbeiter, ein Schmied, drei Steinmetze, drei Zimmerleute und vier Handlanger waren in Triest angeworben worden, zu denen sich ein von Humann empfohlener, trefflich findiger und treuer Gehilfe der Pergamener Ausgrabungen, Jani Samothrakis aus Tinos, gesellte. Als Aufseher und Dolmetsch schloss sich in Smyrna der Marinelieferant Giovanni Cocchini freiwillig und vom Generalconsulate der Kawass Mehmet und L. Turina an. Zwei Köche, drei Pferdeknechte, darunter unser treuer Ali, der schon im vorigen Jahre als eine Art lebendiger Landkarte gute Dienste geleistet hatte, ein Zaptieh und der tür-kische Commissär Suleimann Effendi von Magnesia vervollständigten unsere bunte Colonie, die meist über dreissig Köpfe zählte und allein für den Haushalt hinreichend zu sorgen gab.

Schon zu Anfang des Monates waren die Herren Petersen, Luschan und Knaffl vorausgereist. Während der Letztere von Rhodus aus mit den Arbeitern in einem Kaik unmittelbar in die Kekowabai fuhr, schlugen die ersteren über Makri den Landweg ein, um in Lewissi ein Dutzend Pferde anzukaufen. Acht Tage später folgten die übrigen Expeditionsmitglieder von Smyrna aus auf dem „Taurus" nach, und nachdem dieser an einer näher ge-legenen Stelle der Küste, in der Jalibai östlich von Kekowa, eine gegen Wind und Meer gesicherte Station genommen hatte, waren wir Ende April an unserem nächsten Bestimmungsorte, auf der Höhe von Gjölbaschi, alle vereint. Hier hatte Herr von Knaffl den Lagerplatz auf einem von Tempeltrümmern und Sarkophagen um-standenen kleinen Felde am südwestlichen Fusse der Akropolis in der Sattelhöhe des Berges, kaum zehn Minuten weit vom Heroon entfernt gewählt und bereits trefflich einzurichten begonnen. Ein grösserer, einigermassen absperrbarer Bretterverschlag diente als Magazin und erhielt später ein Nebengemach für die Apotheke, die sich häufenden naturwissenschaftlichen Objecte und den photographischen Apparat Herrn von Luschans. Eine kleinere Holzhütte, in die ich mich mit Petersen und Niemann theilte, das Konak wie es die Arbeiter nannten, wurde als gemeinsamer Arbeitsraum benutzt, enthielt die Casse und den Pulvervorrath, bis sich für den letzteren in einem der colossalen Steinsarkophage ein schicklicherer Aufbewahrungsort herrichten liess. Ein eigenes Steinhaus mit fliegendem Dache beherbergte die Arbeiter und wurde mit luftigen Anbauten für die Küche, die Feldschmiede und die arbeitenden Zimmerleute versehen. Vier in einer Reihe zwischen diesen Bauten aufgeschlagene kleine Zelte flankirten den freien Platz, auf dem einige Bänke und eine lange Tafel in dem kargen Schatten eines isolirten Baumes für die Mahlzeiten nicht fehlten. Bis auf den türkischen Commissär, der im Besitze eines Aequivalentes für das geforderte Zelt die gewohntere gastfreie Unterkunft in der erstbesten Bauernhütte vorzog, wohnten wir also alle übersehbar an einem Platze zusammen. Bezeichnet war die Niederlassung durch eine zwischen zwei antiken Basen aufgehisste ideale Fahne, die in der Sommergluth bis zur Unkenntlichkeit verschoss, desgleichen durch einen grossen Doppeladler, den unsere jungen Freunde für den ersten festlichen Empfang des Commandanten auf eine Bretterwand des Magazins mit wetterfester Schwärze anmalten und der mit dem Namen des Kriegsschiffes und einer Bezeichnung der Expedition in Rundschrift versehen auf den Flugbändern der Krone das „viribus unitis" in einem neuen Sinne trug. Es verstrich indessen geraume Zeit, ehe dies Alles zu Stande und in Ordnung kam; denn die blosse Installation des Nothwendigsten erforderte unter den ungewöhnlichen Umständen unserer Lage Anstrengungen in Menge.

Schon die Landung unserer Habe an der unbewohnten klippenreichen Steilküste der Jalibai war mit Schwierigkeiten verbunden, und in noch höherem Grade ihr Transport drei starke Stunden weit hinauf auf den Gipfel des 2400 Fuss hohen Berges von Gjölbaschi. Auf den über Stock und Stein rasch emporführenden, durch Busch und Fels verengten Saumpfaden vermochten die von Haus aus schwachen schlechtgenährten Lastthiere — ein lykisches Kameel trägt durchschnittlich nicht mehr als hundert Kilo — nur geringe Lasten hinaufzubringen. Tausend Bretter hatten wir in einem Kaik aus Makri erhalten, zweihundert längere und sehr starke Pfosten aus Smyrna nachbezogen. Die letzteren mussten am Strande für das Emportragen verkürzt, schwere Schlitten, die für den Transport der Steine in Triest gebaut worden waren, wieder zerlegt, die Nägelfässer wie überhaupt alle das genannte Gewicht überschreitende Stücke erleichtert werden. Wo keine Erleichterung erfolgen konnte, wie bei den langen baumstarken Halb- und Rundhölzern, mühten sich Lastträger ab, von denen in der Regel sechs bis acht zusammen einen vollen Tag brauchten um einen Stamm hinauf zu schaffen. Dazu kamen Winden Flaschenzüge und sonstige Instrumente, lange Ketten, zwei grosse Taue, Fässer Säcke und Packete mit Lebensmitteln, überdies unser Privatgepäck, im Ganzen eine beträchtliche Masse, die doch durch beständige Nachlieferungen im Laufe der folgenden Monate aus dem zwanzig Seemeilen weit entfernten Inselstädtchen Castellorizo, aus Rhodus, Adalia und Smyrna, ja sogar aus Triest und Wien ergänzt und vervollständigt werden musste. Es währte mehrere Wochen und erforderte gleich anfangs gegen hundert Kameele, um die Hauptmasse an Ort und Stelle zu bringen. Ohne Verderb und Einbusse konnte es dabei nicht abgehen.

Empfindlich fühlbar machte sich alsbald der Mangel einer Ortschaft in der Nähe, welche für die laufenden Bedürfnisse hätte Anhalt und Aushilfe bieten können. Lediglich mit Milch und Eiern wurden wir regelmässig, hin und wieder auch mit kleinem Hornvieh, und so lange der Frühling währte mit Grünzeug für die Pferde aus den Hürden des Dörfchens Tschukur, das eine halbe Stunde entfernt in einem Hochthale am Nordfusse der Akropolis liegt, versorgt. Alles Andere musste auf Pferden Eseln und Kamelen, die nicht immer leicht erhältlich waren, meist weither zusammengetrieben und theuer gezahlt werden mussten, theilweise aus grosser Ferne zur Stelle gelangen. Leidlich geniessbares Brot erhielten wir anfangs vier Stunden weit herauf aus Dembre, bis sich etwas näher in der Tiefe der Jalibai ein rühriger griechischer Speculant aus Castellorizo mit einem Backofen in dem Gemäuer einer mittelalterlichen Ruine einrichtete und Brot für uns wie für das Schiff lieferte, unter der Hand mit Mastika wie natürlich und aus Samos gepaschtem Tabak einträgliche Nebengeschäfte betreibend. Umständlicher war die Beschaffung von Wasser. Quellen fehlen dem ganzen ausgedehnten Dembreplateau. Man ist auf den trüben Inhalt von Cisternen angewiesen, welche nach uralter Weise cylinder- oder flaschenförmig in den gewachsenen Fels eingehauen oder in dem Humus der kleinen Karstebenen ausgebaut, zahlreich im ganzen Lande anzutreffen und meist von geräumiger Anlage sind. Trotzdem reichen sie für das vorhandene Bedürfniss offenbar nothdürftig

hin, versiechen leicht und bilden daher in der Noth der Sommermonate ein ständiges Streitobject, wie auch wir rasch genug erfahren sollten. Als unser Bedarf den Nachbardörfern unbequem wurde
und wir genöthigt waren in weitem Umkreise nach neuem Vorrath
zu suchen, wurden unserer Dienerschaft Brunnen verheimlicht oder
durch allerhand Fabeln von bösem Zauber, von innen verwesenden
Leichen u. A. in Verruf gebracht oder trotz der Verbote des Koran
nur gegen Geldentschädigungen zur Benutzung überlassen; den
Matrosen des Kriegsschiffs, welche anfänglich eine grosse Cisterne
in Kekowa benutzten, begegnete es nach kurzer Zeit sogar dass
man ihnen den Zutritt mit bewaffneter Hand verwehrte. Später
wurde dem „Taurus" die erforderliche Ration acht Stunden weit
aus Phinika, wo der herrlich rauschende Arycandus seine kalten
Gebirgsfluthen einmündet, in einem Segelboote regelmässig zu-
geführt, während wir auf der Höhe uns mit Cisternenwasser, das
Kameele in Weinfässern zwei Stunden weit aus der grössten
Ebene des Plateaus, von Jau (Kyaneai) zutrugen, begnügen und
dabei für die unerlässlichsten Bedürfnisse auf schmale Rationen
setzen mussten. Da es vom Lagerplatz aus an den jeweiligen Ort
der Arbeiten bis eine Stunde weit und darüber nachgeführt werden
musste, und die aus Rhodus bezogenen Thonamphoren unaufhörlich
zerbrachen, wie überhaupt Noth an Trinkgefässen war, so haben
unsere Arbeiter, die das Wasser am liebsten mit Essig gemischt
tranken, in der sengenden Glut des Juli und August hart unter
diesen Uebelständen gelitten, härter als wir, denen Dank einer
rechtzeitigen Erinnerung von Luschans doch hin und wieder eine
Flasche mitgebrachten Mineralwassers, mit dem haushälterisch wie
mit Champagner verfahren wurde, zu Gute kam. Wein und sonstige Lebensmittel nebst dem anderen gewöhnlichen Bedarf bezogen
wir aus Rhodus, von wo wöchentlich einmal ein für die Dauer der
Expedition gemiethetes Boot mit der Post herüberfuhr, welches bei
den in dieser Jahreszeit vorherrschenden Westwinden herwärts in
der Regel zwei Tage, hinwärts vier Tage, nicht selten aber auch
noch längere Zeit brauchte. Nach der rothen Fahne, die es führte,
haben wir von der Höhe oft erwartungsvoll in das weite Meer
ausgeschaut, oder des Abends nach dem Feuersignal, das der
Commandant auf einem Riffe der Jalibai anzünden liess, um sein
Eintreffen zu melden; kein Sonnenbrand, keine Finsterniss der Nacht
hielt dann ab die allmählich gewohnten Wege hinabzueilen, die
Posttage forderten Eile und belebten den ohnehin regen Verkehr
mit dem Kriegsschiffe.

Die Colonie, die in das karge Bauernleben der einsamen Gegend reichlichen Verdienst, aber auch beständige Unruhe und eine ungewohnte Aufrüttelung aller Verhältnisse brachte, stand und erhielt sich doch mit der Bevölkerung auf gutem Fusse, obwohl diese ihr das Dasein auch in anderen Hinsichten nicht eben leicht machte. In ihren kümmerlich ausgestatteten winzigen Steinhäuschen, die mit einer horizontalen Lage von Rundhölzern und darüber gebetteter Erdschicht bedeckt sind, und in ihren noch kleineren oval zusammengeflochtenen, mit Filzdecken belegten Zweighütten lebt sie, an Frost und Hitze gewöhnt, den Hunger verrauchend, völlig bedürfnisslos von dem mässigen Ertrage gelegentlicher Feldarbeit. Den ganzen Barbesitz an grösseren Silberstücken, den die Weiber am Kopf, die Männer wohlverwahrt in dem mit alten Waffen beschwerten Ledergürtel führen, selbst des Nachts sammt den Kleidern am Leibe tragend, fast ohne alles Kleingeld, kennt sie im Grunde nur Tauschverkehr, und ist mit Preisverhältnissen wie mit Lohnarbeit völlig unbekannt. Erst bei näherem Vertrautwerden kamen wir daher den naivsten Anforderungen gegenüber zu einem gegenseitigen Einverständniss, das durch das Medium von Dolmetschen nicht immer erleichtert wurde, und nicht immer volle Zufriedenheit zurückliess. So ehrlich, friedfertig und gutherzig im Ganzen wir auch hier die türkische Landbevölkerung fanden, so fehlte es doch im Laufe der Zeit nicht an Ausnahmserfahrungen; Veruntreuungen, selbst einige Einbruchsdiebstähle kamen im Lager vor, und als späterhin die ägyptischen Unruhen den wohl immer latenten religiösen Fanatismus weckten, bildeten sich wenn auch nicht in unserer unmittelbarsten Nähe, Räuberbanden, von denen im vergangenen Jahre Nichts zu hören gewesen war. Aus den nächstgelegenen Dörfern fanden sich brauchbare Leute zu unserer Arbeit, die ihnen schwer fiel, nur in geringer Zahl und unregelmässig ein. Im Monat Juni, als alle Insassen mit Ausnahme einiger zurückbleibender Wächter für die Ernte, nach alter Gewohnheit karawanenweise in ihren hohen Alpenvillegiaturort Gjömbe sich begaben, blieb dieser Zuzug fast ganz aus. Wir mussten Arbeiter weither aus Adalia werben, machten vorübergehend auch einmal einen Versuch mit jüdischen Hamals aus Rhodus, die indessen buchstäblich nur für das Tragen eingeübt, mit Spaten und Schaufel wie Kinder umgingen und sich überdies mit allen andern schlecht vertrugen. Zahlreicher und freiwillig stellten sich die rührigen und intelligenten, aber wie die Kreter mit vollem Recht berüchtigten Griechen von

Castellorizo ein. Hätten wir nicht die geschulten tapfer aushaltenden Geniesoldaten und Triestiner Arbeiter die sich allerdings bester Pflege und weitgehender Rücksichtnahmen erfreuten, und auf zehn Tage einmal auch Aushilfe von sechs Matrosen erhielten, als Grundstock zur Stelle gehabt und durch die unerwarteten Schicksale von Alessandria einen nach und nach sich steigernden Zulauf von Erwerbsbedürftigen erhalten, so wäre bei den oft langen Gebetspausen der Türken und den vielen Feiertagen der Griechen, bei ihren vereinten Lohnsteigerungen und um die Wette abwechselnden Strikes kein sicheres Fortschreiten und kein rechtzeitiges Ende möglich gewesen. Wir begannen mit fünfzig bis sechzig Arbeitern und hörten in den letzten Wochen mit einer dreifach so grossen Anzahl auf, welche schliesslich sämmtlich einen Tagelohn von drei Beschliks (etwa anderthalb Gulden) empfingen also mehr als doppelt so viel als Humann in Smyrna und Pergamon zu zahlen pflegte. Wie die wunderbare Völkermischung des Orients auch in den engsten Verkehrsformen unvermeidlich zum Ausdruck kommt, so bildeten Griechen Türken Juruken Juden Araber und Mohren mit unseren auch physisch überlegenen Occidentalen die Truppe, um deren Disciplin sich Unteroffizier Schuster ständige Verdienste erwarb, und in der dennoch allerhand Reibungen nicht ausblieben, welche fortwährend untersucht und beglichen sein wollten.

Wir begannen mit Ausgrabungen auf der Stelle — schon bei der Installation des Lagers waren Inschriften zum Vorschein gekommen — und sie wurden mit einigen Pausen angelegentlich fortgesetzt. Allein die Hauptarbeit die zu leisten war, bestand in der Anlage einer Strasse für die Beförderung unserer Funde an das Meer, und in dieser Beförderung selbst, wofür Lastthiere oder Lastträger schlechterdings unverwendbar waren. Gjölbaschi liegt in directer Luftlinie von der räumlich nächsten Küstenstrecke, der an die Jalibai östlich anschliessenden Andrakibucht, deren Strandhöhen uns oft greifbar nahe erschienen sind, ungefähr anderthalb Stunden weit entfernt. Wie Aufrisse einer spröden Masse öffnen sich nach dieser Richtung im Dembreplateau südlich von Gjölbaschi beginnend zwei convergirende Schluchten, in deren einer man am ehesten glauben durfte meerwärts einen Weg bauen zu können. Sie stürzen indessen, wie der Versuch einer Begehung alsbald lehrte, in so schroffen engen und vegetationslosen Spalten ab, dass keinem Pfade Raum bleibt und eine Strasse ganz aus dem Felsgestein heraus und nur mit überstarkem Gefälle zu gewinnen gewesen wäre. Nach Südosten gegen

Myra zu senkt sich wohl das Plateau allmählicher, jedoch so mannigfach und stark bewegt, dass sich vielfache Steigungen ergeben haben würden, welche unbedingt zu vermeiden waren. Mit sicherem Blick hatte daher Herr von Knaffl nach einer ersten Orientirung im Relief der Umgegend einen auf 23 Kilometer berechneten Umweg als die einzig brauchbare Möglichkeit erkannt. Dem entsprechend wurde die Strasse vom Heroon abwärts den Südabhang der Akropolis entlang auf unsern Lagerplatz, und von da landeinwärts gegen Nordwesten zunächst und dann gegen Nordosten um die Akropolis im Halbkreise in das ihrem tiefreichenden nördlichen Fusse angeschmiegte kleine Hochthal von Tschukur hinabgeführt, welches nach Osten offen ist und hier in die schauerliche Kluft des Dembretschaithales in steilem aber fast allenthalben bewachsenem Abhange abfällt. Dabei kürzte das zufälliger Weise unbebaute und ohne Weiteres benutzbare Hauptfeld von Tschukur den Wegbau ab, indem es bis nahe an den offenen Ostrand des Thales reichte, von wo eine grosse lange Serpentine in das zehn bis fünfzehn Minuten breite ebene Flussthal hinabzuführen war. Da die winterlichen Fluthen des Dembretschai dasselbe durchaus mit Sand und festem Schotter ausfüllen, worin sich ein im Frühling immer schwächer werdender von dichten Reihen blühender Oleanderstauden bezeichneter Wasserfaden schon im Juni schliesslich ganz verliert, so konnte hier das Flussbett selbst mit seinem leichten gleichmässigen Falle bei geringer Nachhilfe als Strasse benutzt werden. Die neu herzustellenden Theile derselben waren demnach verhältnissmässig kurz, fast genau fünf Kilometer lang, allein es galt immerhin bis zur Thalsohle des Dembretschai eine Gesammthöhe von über zweitausend Fuss zu überwinden, wofür überall gründliche Abholzungen und umfängliche Felssprengungen vorgenommen werden mussten, und lange Strecken durch hochaufgeführte solide Futtermauern zu unterbauen waren.

Denke ich mich in die ersten Tage unseres Aufenthaltes zurück, als uns von allen Seiten eine Fülle kaum zu durchdringender niederer Vegetation und wildaufgeworfener tief zerklüfteter Steinmassen anstarrte, kurze Raumstrecken sich nur in stundenlangem Klettern und Springen zurücklegen liessen. und am Rande von Tschukur der Abgrund des Dembretschaithales, auf dessen weissglänzendem Sande einzelne Bäume sich wie schwarze Punkte ausnahmen, Kameele und Pferde kaum mehr erkennbar waren, schwindelerregend entgegengähnte, so will es mir jetzt fast als Kühnheit erscheinen, dass uns diese Weghindernisse nicht entmuthigt haben. Im Anfange freilich ging alles hoffnungsvoll leicht und gut von Statten. Der Gefälligkeit des Commandanten, der den Fortgang der technischen Arbeiten mit persönlichem Antheile verfolgte, dankten wir die Darleihung der erforderlichen Pulverquantitäten, bis wir später aus Castellorizo Dynamit requirirten, das dort für den Fischfang benützt wird. In Ausbesserung und Schärfung der rasch sich abnutzenden Werkzeuge leistete die Feldschmiede unschätzbare Dienste. Die Temperatur war erträglich, einige Regentage brachten durchnässte Betten aber nur kurze Unterbrechungen der Arbeit und einzelne harte Stellen abgerechnet erheischten die ersten Theile des herzustellenden Weges nicht übermässige Anstrengungen. Schon Ende Mai, als wir durch einen Besuch Baron von Warsbergs und Professor Zumbuschs erfreut wurden, die ihr freundschaftliches Interesse für alle Details der Unternehmung auch an Ort und Stelle bethätigten, konnten wir sie auf bequem gangbarer Strasse nicht blos zum Heroon hinauf sondern abwärts bis an den Ostrand von Tschukur geleiten. Kurz darauf mit Anbruch des Sommers kehrte sich ein anderes Gesicht heraus. Die allerdings im Voraus schwer schätzbaren Schwierigkeiten der grossen Serpentine, die mit siebenzehn langgezogenen Kehren in meist bedeutendem Gefälle hinabführte, wuchsen mit jedem Tage, mit den zunehmenden Entfernungen wurde die Verköstigung der Arbeiter immer umständlicher, wie Gewitter erfüllten die unaufhörlichen Minendonner das Gebirge, sengend ruhte die Tagesgluth, kaum gemildert durch den Luftzug der Thalspalte, an ihren abschüssigen Wänden. Zu unserem Leidwesen mussten wir den Gedanken aufgeben, noch im Laufe des Sommers Ausgrabungen in Lagina vorzunehmen und waren froh, als in der zweiten Hälfte des Juli der Wegbau endlich vollendet war. In allen Widerwärtigkeiten mit unerschütterlicher Ruhe ausdauernd hatte der leitende Ingenieur eine Leistung vollbracht, mit welcher ein Geschenk an den ganzen District, der damit eine bleibende Verbindung mit dem Meer erhielt, und ein gerechter Anspruch auf eine billige Theilung unserer Funde gegeben war.

Die Tage des Mai waren auch in anderer Hinsicht die glücklichsten die wir erlebt haben. Während später mehrere Expeditionsmitglieder zurückkehrten, andere zur Fortsetzung der Studien in das Hochland aufbrachen und mit Herrn von Knaffl nur Löwy und ich am Platze blieben, waren wir damals abgesehen von kurzen Touren, welche von Einzelnen ausgeführt wurden, sämmtlich auf

der Höhe von Gjölbaschi vereinigt und in frischem Zuge ein jeder
bei der übernommenen Arbeit. Petersen untersuchte die Stadttrümmer und die Ruinen der nächsten östlichen Umgebung; Niemann
nahm das Heroon landschaftlich und architektonisch auf, vermass
die Akropolis und den neuen Weg und vereinigte die einzelnen
Routiers zu einem bis Myra und in die Jalibai reichenden Gesammt-
bilde der Oertlichkeit. Von Luschan photographirte alle Funde in
grösserem Maasstabe als im vorigen Jahre geschehen war und war
ausserdem von Früh bis Abend mit einem grossen Zulauf von
Kranken beschäftigt, welche zum Theil viele Tagereisen weit, meist
in beklagenswerthem Zustande und namentlich oft mit traurig vor-
geschrittenen Formen contagiöser Blutskrankheiten, zu ihm kamen.
Schneider zeichnete die wichtigsten Relieffriese, Tietze trug von seinen
geologischen Begehungen des Dembreplateaus Mineralien zusammen
und unternahm anderweitige Ausflüge, die ihn in das nördliche
Hochland und östlich bis zu den brennenden Feuern der Chimaira
führten, während verschiedene Expeditionsbedürfnisse mich zu allerhand kleinen Reisen nach Rhodos und Castellorizo oder zu den
türkischen Localbehörden nach Kasch im oberen Dembrethale,
und nach Adalia zu dem Mutessarif Turkan Bei, der uns in ver-
bindlichster Weise aufnahm, nöthigten. Es war ein beständiges
Kommen und Gehen, ein beständiges anregendes Austauschen von
Erlebnissen und Ergebnissen und der Verkehr wurde gehoben durch
die Beziehungen zu dem Kriegsschiffe, dessen Nähe wir je länger
je mehr als die sichernde Grundlage unserer Existenz empfanden.
Dem erwähnten ersten Empfang des Commandanten und der Offi-
ziere in unserem Lager folgte am zweiten Pfingsttage ein fröhliches
Fest in der Jalibai, das mit Scheiben- und Hahnenschiessen und
einer kleinen Regatta endigte. Sonntag Nachmittags ruhte alle Arbeit,
dann wurden wohl Jagdexcursionen vorgenommen, die auch durch
ihre negativen kleinen Abenteuer unterhielten; Wildschweine hausten
in den bewaldeten östlichen Schluchten des Plateaus bis die an-
brechende Sommerhitze sie in das Hochgebirge trieb, Falken Stein-
hühner Nusshäher flogen in Menge auf, zu allen Tageszeiten waren
die abgelegenen Schlachtstellen des Lagers von gewaltigen Adlern
umkreist, deren majestätischer Flug stundenweit über Thal und
Hügel im blauen Aether zu verfolgen war. Noch glühte und brannte
die Erde nicht, die kühlen Nächte erfrischten, auch in der Son-
nengluth des Tages fühlte man die Luft in erquickender Milde und
einem leisen angenehmen Wehen, Auge und Sinn war offen für alle

Zauber, welche der Frühling mit seinen frischen Farben über den melancholisch schönen Ernst der Gegend breitete, die wir vom Lagerplatz weithin überschauten. Nirgends eindrücklicher als des Abends, wenn die Sonne bis in die fernsten Winkel ihr ganzes Relief belebte und mit tiefen Schatten in der Nähe über das niedrige Gebüsch hinstrich, welches über und zwischen den grauen Felsblöcken und Kuppen grünte; wenn dann die Arbeiter in der Dämmerung ermüdet heraufkamen, ihr Geräth abgaben und nach dem raschen Mahl ihre fröhlichen italienischen Weisen anstimmten, bis in dunkler Nacht weit hinter dem Chelidonia-Cap der Mond gross aufstieg und um alle Höhen und in alle Falten der Landschaft und unabsehbar über das wie ein silberner Schild erglänzende Meer seine breiten taghellen Lichtfluthen ausgoss.

III

Lykien bildet eine dem Hauptumriss nach bogenförmige Halbinsel, deren Gürtung westlich durch den tiefen Golf von Makri (Telmessos), östlich durch die flache Bucht von Adalia bezeichnet wird. Den Bau der Landschaft bestimmt das vom Continent gegen das Meer vorgeschobene, gegen 4000 Fuss hohe ausgedehnte Plateau von Elmalü, der heutigen Centralstadt des Landes, welche ziemlich genau in der Mitte der Sehne Makri-Adalia liegt. Concentrisch zum Küstencontur wird dieses Innenplateau umsäumt von langgestreckten Alpenketten, welche in mehreren Gipfeln eine Höhe von 10.000 Fuss und darüber erreichen und erst im Hochsommer die Leuchtkraft ihrer weit ins Meer erglänzenden Schneekronen verlieren: im Westen vom Massikytos, im Süden vom Sususund Ak-dagh, im Osten vom Kirkbunar- und Bej-dagh. Diese Gebirge, welche nach Norden mit den grossen Taurusketten, die den Südrand Kleinasiens bilden, zusammenhängen, bauen sich um den compacten Kern des Landes wie gewaltige Bastionen um eine hohe Festung auf. Den drei Hauptrichtungen entsprechend, in die sie sich nach aussen ausbreiten, senden sie ihre Gewässer in drei grosse Thäler, welche sie wie Festungsgräben umgeben: das nordsüdliche Xanthosthal im Westen, das mit ihm ungefähr parallele Alagirtschaithal im Osten und das quer von West nach Ost streichende Dembretschaithal im Süden. Alle übrigen Hochgliederungen des Landes, welche die umlaufende Zone zwischen ihnen und der Küste

ausfüllen, mögen sie nun jene Flussthäler als Ausläufer der zurückliegenden Hauptgebirge von einander scheiden oder dieselben als
selbständige Massen nach dem Meer zu begrenzen, verhalten sich zu
den Centralerhebungen wie niedrige Vorwerke: so die lange Soly-
merkette im Osten, welche von Termessos und Adalia bis zum Chelidonia-Cap sich hinzieht, so die inselartig isolirte Gruppe des
Kragos und Antikragos im Westen, und das von Patara bis Phellos
massiv verlaufende Strandgebirge im Süden, das sich dann gegen
Osten in das bis Myra reichende Dembreplateau abdacht und
verbreitert.

Der äusserst zerklüftete Charakter der lykischen Landschaft,
der dem Verkehr von Niederung zu Niederung die Mühsal seltener
Steilpässe entgegensetzt, durch ungangbar tiefe Wasserspalten eine
Thalhälfte von der andern bisweilen um Tagereisen trennt, an den
Berglehnen spärlichen Anbau und auf den Flüssen keine Schiffahrt
gestattet, musste die Bildung von Städten erschweren, während er
die Unabhängigkeit und das friedliche Gedeihen zahlreicher kleinerer
Gemeinden in hohem Grade begünstigte. Von dem reichen Leben,
das sich an der Westküste Kleinasiens entfaltete, war Lykien durch
die Naturwildnisse des Dolomantschaigebietes abgedrängt; zu ma-
ritimer Verbindung luden nur wenige Häfen ein und ihnen fehlte
fast überall ein offenes Hinterland, während den grösseren Strand-
ebenen umgekehrt die natürlichen Häfen fehlten. So war also Alles
zu einer Isolirung und Zersplitterung prädestinirt, welche in der
staatlichen Form und den selbständigen Geschicken des lykischen
Gemeindebundes ihren historischen Ausdruck fand. Für eine Ansiedelung in grösserem Stil bot allein das nach Süden offene Xanthosthal die erforderliche Grundlage; hier entstand die Hauptstadt
des Landes, die sich mit Patara Tlos und Pinara in den Besitz der
ungemein fruchtbaren Flussebenen theilte und vom Süden herauf,
von Kypros und Kreta, früh Elemente einer älteren Cultur aufnahm.
Für Entwickelung städtischer Cultur kamen ausserdem lediglich
die mehr oder weniger ausgedehnten ergiebigen Küstenebenen von
Makri-Telmessos, Myra, Limyra und Phaselis in Betracht. Es ist
daher kein Zufall, dass mit diesen Namen bereits die Zahl der
Städte erschöpft ist, die in dem lykischen Bunde vorortliche Bedeutung besassen. Die übrige Bevölkerung, die man in vorchrist-
licher Zeit schwerlich viel dichter und begüterter als heutzutage zu
vergegenwärtigen Anlass hat, wohnte auf Plätzen, welche auch wo

Kunst ihnen Festigkeit verlieh, selten den Namen einer Stadt beanspruchen konnten, oder war in zahllose offene Flecken und Land-
sitze zerstreut, denen naturgemäss jede geschichtliche Bedeutung
versagt war. Das Bedürfniss nach engerem Anschluss kann in
diesen laxen Zuständen nicht gefehlt und mag sich unter jedem
Druck von Aussen periodisch erneuert und lebhafter entwickelt
haben — Plinius kannte in Lykien siebenzig Orte, die sich zu
seiner Zeit, vermuthlich in Folge von Zusammensiedelung, auf sechs-
unddreissig reducirt hatten — allein es fand jederzeit in den bleibenden Naturverhältnissen seine unübersteigbaren Schranken. Manche
lykische Orte sind ihrer Existenz nach nur aus ihren Ruinen, ihre
Namen nur aus Inschriften bekannt, gar viele mögen die Cultur
der Schrift überhaupt nicht oder nur spät erreicht haben. Je weiter
man vom Xanthosthal aus nach Ost und Nordost vordringt, um so
seltener stossen grössere Trümmerplätze auf, um so weniger will
es gelingen und um so weniger Interesse hat es ihnen Namen an-
zuweisen. Charakteristisch ist, dass selbst die fünf Stunden lange
und über eine Stunde breite Ebene des oberen Dembrethales, in
der sich heute der zweitgrösste Ort des Landes, Kasch, befindet,
es zu keiner antiken Niederlassung brachte, sondern offenbar von
einer Reihe kleinerer Burggemeinden (Arnea, Kandyba, Phellos, Ty-sa)
exploitirt wurde, die sich wie im Kranze auf den Gipfeln der um-
gebenden Höhenzüge eingenistet hatten. Man begreift aus Allem,
und findet es in dem Eindruck der gegenwärtigen Lebenszustände
namentlich im Gegensatz zu der ungleich höheren Entwickelung
im Norden Kleinasiens bestätigt, wie lang und zähe sich hier ur-
thümliche Sitte und eine fremde Sprache erhalten konnte. In diesem
Fortbestehen einer halb prähistorischen Gesittung, in dem beschei-
denen aber sicheren allmählichen Vordringen hellenischer Cultur,
und in dem raschen gleichmässigen Segen der römischen Herrschaft
in der Kaiserzeit, welche ihren erstaunlichen Wohlstand mit einem
Male in die entferntesten Bergwinkel wirft, Theater um Theater,
palastähnliche Granarien und grossartige Häfen baut, liegt der Haupt-
reiz und das geschichtliche Interesse, das ein archäologisches Studium der Landschaft darbietet.

Auf dem gegen sechs Stunden langen und drei Stunden breiten
Dembreplateau baut sich im Osten (Tafel VI), da wo der Dembrefluss
eine merkliche Einbiegung seines Laufes beschreibt, eine isolirte

Berggruppe auf, gewissermassen eine zweite höhere Terrassenstufe
bildend, auf welcher der Gipfel von Gjölbaschi die höchste Erhebung
bezeichnet. Ueberaus steil fällt sie nach Norden in das Hochthal
von Tschukur, nach Süden in eine nach Myra verlaufende Spalte
ab, während sie sich nach Osten in reich bewegtem, stellenweise
bebauten oder bewaldeten Terrain bis an den Rand des Dembrethales senkt, dessen schroffe Felswände hier unersteigbar sind;
zugänglich ist allein der Westabhang, der sich in die Ebene
von Gewren verliert. In dieser Weise von der Natur selbst ver-
theidigt und vom Meere wie vom Binnenlande aus nur in mehr-
stündigem mühsamstem Anstieg erreichbar, hatte der Ort durch Befestigungen gesteigerte Sicherheit erhalten. Um den von Südwest
nach Nordost streichenden Kamm der kleinen Burg und südlich weiter
abwärts in der Sattelhöhe des Berges lief eine starke Polygonmauer,
die jetzt nur streckenweise zu verfolgen und in ihrer ursprünglichen
Anlage von spätern Zubauten, die bis in das Mittelalter zu reichen
scheinen, nicht immer klar zu unterscheiden ist.

Innerhalb der Umfassungsmauer und zum Theil noch über
sie hinaus den Westabhang hinab liegen dicht zusammengedrängt
und einförmig die Steinhaufen und Mauerreste der Stadt, deren
Untersuchung die Wirrnisse des Terrains überaus erschweren. Von
den Bauanlagen der Akropolis ist ausser einigen grossen Cisternen
bestimmt erkennbar im Grundrisse allein eine aus Bruchsteinen mit
grobem Kalk aufgeführte sehr späte kleine Kirche, deren Absis im
Nordosten liegt; in ihrer Nähe führt ein theilweise noch aufrechtes
Thor der Burgmauer, die hier zu einer Bastion sich verstärkt, nach
Süden herab unter zahlreiche Trümmer mässig grosser Steinhäuser,
die auf eigenen Terrassen sich erhoben und wo Platz dazu sich
ergab eigene Cisternen besassen.

An diese Wohnungen reihen sich dann, zum Theil zwischen
ihnen stehend, die Grabmonumente. Es sind zunächst weit über
dreissig colossale Kalksteinsarkophage mit spitzbogigem Dach, auf
zwei- oder mehrstufiger Basis, die ein Hyposorion enthielt, zuweilen
noch aufrecht stehend, aber in der gewohnten Weise durchaus
erbrochen, das Dach meist verschoben, zuweilen halb zerschlagen,
so dass die mächtigen Trümmer verstreut umher liegen. Zwei derselben sind mit Sculpturen verziert. Der eine auf dem Ostkamme
der Akropolis, neben dem Heroon, wo eine Gruppe besonders grosser
jetzt in Fragmenten liegender Sarkophage eine sichtlich vornehmere

Nekropolis für sich bildeten, trägt auf den vier Seiten des Daches
Reliefs im Stile des vierten Jahrhunderts und auf der einen Lang-
seite des Kastens in äusserst verwitterten Zügen die Inschrift*):

ΔΕΡΕΙΜΙΟΣΚΑΙ

ΑΙΣΧΥΛΟΥΤΟΜΝΑΜΑ

Der andere am südlichen Fusse der Akropolis in der Sattelhöhe bei unserem Lager, zeigt am Sarge Palmetten und Fruchtge-
winde, am Deckel sehr zerstörte, wie es scheint mythologische Darstellungen. Bemerkenswerth ist ausserdem ein Sarkophag bei einem
kleinen Teiche, der den heutigen Ortsnamen veranlasst zu haben
scheint, eine Viertelstunde westlich von den Stadttrümmern in der
Tiefe gegen Gewren zu. Er trägt eine lange schwer lesbare Inschrift, deren Entzifferung Studniczka gelang; sie schreibt eine Straf-
zahlung an die Gerusia von Kyaneai vor.

Von anderweitigen Grabmonumenten ist hervorzuheben eine
auf horizontaler Standplatte eingezapfte grosse Stele mit dem Relief
eines sitzenden Hundes, auffällig hauptsächlich durch die Wahl des
Standortes hart am Rande des Abhanges nordwestlich der Akropolis,
wo die Bildseite der Stele dem weit sich öffnenden Thale von Tschukur,
in dem noch heute die meisten Herden weiden, unverkennbar absichtlich zugekehrt ist. Sodann ein kleines lykisches Felsengrab am
Westende der Burg, und wenige Minuten weit davon entfernt ein
hochalterthümlicher massiver Grabpfeiler, der in Fragmente zerborsten unter Schutt und Vegetation vergraben lag. In seiner Anlage und Ausstattung durchaus dem Harpyienmonumente von Xanthos entsprechend, erhob er sich auf einem durch den Umsturz
jetzt eingedrückten Sockel in nahezu quadratischer Grundform
(1·37 ✕ 1·4 Meter) über vier Meter hoch und enthielt oben eine
0·85 ✕ 0·9 Meter im Grundriss grosse Grabkammer, die durch eine
viereckige Oeffnung zugänglich und auf ihren Ausseuseiten mit einem
umlaufenden Reliefbande geschmückt war. Mit dem oberen Ab-

*) Nach der Copie Petersens, dem die Untersuchung der Stadttrümmer über-
haupt das Meiste verdankt. Unter anderem ist das schwer zugängliche grosse
Felsenrelief, die Fragmente des Grabthurmes und die Grabstele des Hundes von
ihm zuerst bemerkt worden. Bei einem zweiten kurzen Besuche von Gjölbaschi,
den ich im vergangenen Jahre von Kasch aus vornahm, hatte ich in einer Nachmittagsstunde, als die Schriftseite des Sarkophags im Schatten lag, gelesen:

ΔΕΡΕΙΜΙΟΣΚΑΙ

ΑΙ/ΧΥΛΟΥΤΩΝΙΑΝ///Υ

schluss des Monumentes fehlt leider auch der obere Theil der Bas-
reliefs. Soweit sie erhalten sind, stellen sie eine langsam nach links
vorschreitende Procession theils schildtragender theils nackter Fuss-
gänger und Reiter dar. Ihrem Stil nach, der an die melischen Vasen
erinnert und seine nächste Analogie an den Reliefs des „Lion tomb"
aus Xanthos im britischen Museum findet, zählen sie jedesfalls zu
den ältesten Kunstdenkmälern Lykiens.

Neben den sepulcralen Monumenten treten die sacralen wie
beinahe auf allen lykischen Plätzen auch hier zurück. Ein kleiner
Tempel, anscheinend der einzige des ganzen Stadtgebietes, wurde
westlich dicht bei unserem Lager ausgegraben; er ist spät dorisch,
trug auf einer Quaderwand eine lange Inschrift, von der einige ansehnliche Bestandtheile nebst zahlreichen kleineren Brocken zum
Vorschein gekommen sind, und war von grossen viereckigen Basen
umgeben, auf denen noch die Fussspuren von Bronzestatuen zu
sehen sind. Sein Fundament ist so zerstört und das für die Recon-
struction seines Aufbaues erhaltene Material so unvollständig und
arg verwittert, dass sich von seiner Anlage auch in weiteren Studien
wohl kaum eine befriedigende Vorstellung gewinnen lassen wird.

Für ein Votiv war eine oben am Südabhang der Akropolis
in den Felsen eingehauene Aedicula bestimmt; sie ist 1·75 Meter
hoch und 1·24 Meter breit, mit fast ganz frei gearbeiteten un-
canellirten wie es es ˜scheint ionischen Säulen die auf viereckiger
Basis stehen und über hohem Gebälk einen flachen Giebel tragen.
Unmittelbar östlich in ihrer Nähe wurde ein halb verschüttetes
in eine senkrechte Felswand eingearbeitetes colossales Relief frei-
gelegt, welches, wie man an einigen Spuren über seinem oberen
Ende erkennt, überdacht war und vermuthlich einer Opferstätte
angehörte. Es stellt einen grossen Stier, einen mit erhobener Rechten
betenden Mann und einen in ähnlicher Bewegung ihm zugewandten
Knaben dar. Die Arbeit des Reliefs ist sehr flach und dürfte aus
dem vierten oder dritten Jahrhundert v. Ch. herrühren. Zahlreiche
Scherben von griechischen Gefässen, die wir allenthalben im Schutt,
besonders häufig aber an einer Ecke der Stadtmauer auf dem Wege
zum Heroon fanden, zum Theil von feinsten schwarz gefirnissten
Vasen, jedoch ohne alle Spuren von figürlicher Malerei, nur eine mit
schwarzem Ornamente auf rothem Grunde, ferner zwei schöne rho-
dische Drachmen dem Stile der Prägung nach etwa aus dem vierten
Jahrhundert, ungefähr ein Dutzend winziger lykischer Bronzemünzen
von schlechtester Erhaltung und eine noch grössere Zahl gleichfalls

stark abgenutzter byzantinischer Kupferstücke waren sonst das einzige Ergebniss, das aus den fortgesetzten im Ganzen immerhin nicht unbeträchtlichen Arbeiten im Gebiete der Stadt uns zu Händen kam.

Trotz eifrigsten Suchens ist nur eine Inschrift entdeckt worden, welche über die antike Bezeichnung des Ortes Aufschluss geben konnte. Es ist die Ehreninschrift einer viereckigen Basis die aus der Umgebung des erwähnten dorischen Tempels stammt und unwillkommener Weise gerade an der entscheidenden Anfangsstelle schadhaft ist. Nach vielseitiger, beinahe täglich und unter verschiedenster Beleuchtung wiederholter Beobachtung glaubten wir mit hinlänglicher Wahrscheinlichkeit ΤΡΥΣΕΩΝΟΔΗΜΟΣ zu lesen, wobei Unsicherheit für das vierte Zeichen einzuräumen ist, das auch ein z oder ξ gewesen sein könnte. Ein ähnlich lautender Ortsname ist für Lykien unbezeugt, die Geschichte des Platzes bleibt also ganz in den Geheimnissen seiner Ruinen beschlossen. Um so auffälliger ist, dass gerade hier in dem Heroon eines der verhältnissmässig seltenen Kunstdenkmäler aus vorrömischer Zeit sich erhielt, und zwar ein Monument von ungewöhnlichem Umfang, mit seinem ausgebreiteten Reichthum von Bildwerken den Schmuck auch der ausgezeichneteren sonstigen Grabanlagen weit überbietend, für den erstaunten ersten Anblick dem Zauberschloss einer Steinwüste vergleichbar. Kein Schriftzug, kein erläuternder Fund ist bei den Ausgrabungen zu Tage getreten, der über die Entstehung und den Stifter des Monumentes hätte Aufklärung verschaffen können; man ist auch jetzt ausschliesslich auf das Monument selbst angewiesen. Im Zusammenhang mit den geschilderten übrigen Ortsresten ist im Allgemeinen nur so viel klar, dass es aus einer Zeit herrührt, als Gjölbaschi für das gesammte Dembreplateau die nemliche Bedeutung besass, welche in der römischen Kaiserzeit dem centraler gelegenen Kyaneai zufiel, und die ganze Art seiner Anlage und Ausstattung setzt ausser Zweifel, dass es die Familiengruft irgend eines Ortsgewaltigen der voralexandrinischen Epoche war, ein Analogon zu einem Mausoleum, wie es in so entlegener Berggegend sich in guten Tagen einer der vielen ephemeren Tyrannen errichten mochte, an denen die griechische Geschichte namentlich in den halbcivilisirten oder barbarischen Theilen ihres Gebietes so überreich ist.

Das Heroon, von dem eine Zeichnung Niemanns auf Tafel IV eine landschaftliche Ansicht bietet, steht auf der Ostseite des schmalen Felsrückgrates der Akropolis, am Ende und Abschluss ihrer Umfassungsmauer, mit der es bei der Anlage in Conflict gerathen zu sein scheint, und nimmt die volle Breite desselben ein. „Es besteht", wie Niemann näher ausführt, „aus einem nicht ganz rechtwinkeligen Mauerviereck von zwanzig bis vierundzwanzig Metern Seitenlänge, welches allein von der Südseite her den Abhang herauf zugänglich war und sowohl nach Norden das Hochthal von Tschukur als gegen Mittag das Sattelthal von Gjölbaschi dominirt *). Die Mauern sind aus grossen Kalksteinquadern aufgeführt, welche an Ort und Stelle gebrochen wurden; sie haben eine Dicke von einem Meter und erheben sich drei Meter hoch über dem geebneten Boden des Innern, das sie hofartig einfrieden. Aussen reichen von den tiefer liegenden Fundamenten der Ost-, Nord- und Südseite bis an vier Meter hohe Futtermauern zum Niveau des Hofbodens herauf, während die Westmauer des Peribolos selbst, der Terrainformation entsprechend, die nach Südwest aufsteigenden Fels- und Schuttmassen des Akropolis unmittelbar verkleidet."

„Im Innern des Hofes haben die Umfassungsmauern theils vier, theils fünf Quaderschichten, da die Höhe der einzelnen Werksteine zwischen 0·35 bis 0·65 Meter schwankt und ihre Lagerflächen nur annähernd horizontal sind, wie auch ihre Stossflächen fast nie die Verticale einhalten. Die Construction der Wände ist höchst einfach; dieselben sind zwei Quadern stark und ohne alle Binder geschichtet, so dass zwei völlig selbständige, auch in den Lagerfugen nicht correspondirende Parallelmauern getrennt beisammen stehen und die unbehauenen Innenseiten ihrer Steine einander zukehren, deren geringer Zwischenraum mit einigem Füllwerk ausgeschüttet ist. Eine Verbindung dieser Doppelwände stellen Deckplatten von 0·34 Meter Dicke her, welche nach aussen etwas vorspringend und hier mit einem flachen Eierstabe versehen, dessen Relief und Zeichnung den gleichen Ornamenten des Nereidenmonumentes von Xanthos ähnelt, nach innen mit der Wandfläche bündig den obern Abschluss bilden. Bemerkenswerth ist, dass zu der Construction weder Dübel noch Klammern verwendet wurden, ein Umstand, dem wohl hauptsächlich der Bau seine Erhaltung verdankt, da für Blei und Eisen Suchende in demselben Nichts zu holen war.

---

*) Bequemlichkeitshalber ist in den folgenden Beschreibungen durchgängig Süd, West, Ost und Nord gesagt, wo es der Orientirung des Gebäudes genauer entsprechend Südost, Südwest, Nordost und Nordwest heissen sollte.

3*

Gewaltsame Aussprengungen, welche einige Steine der Süd- und
Nordmauer an den Ecken und Fugen zeigen, lassen darauf schliessen,
dass man auch hier einmal in solcher Absicht vorging, aber alsbald
enttäuscht davon Abstand nahm."

„In der Mitte der Südwand findet sich eine Pforte, deren
Schwelle nach innen in gleicher Höhe mit dem Niveau des Hofes,
nach aussen gegen zwei Meter über dem Felsboden des Abhanges
liegt, so dass sie nur auf angelegter Leiter oder durch Emporklet-
tern erreicht werden konnte. Die Pforte ist, 1·23 Meter breit und
2·14 Meter hoch im Lichten, aus vier grossen monolithen Blöcken,
welche die volle Dicke der Umfassungsmauer einnehmen, dem Schwel-
lensteine, zwei etwas geneigt stehenden Pfosten und einem colossalen Sturze aufgebaut. Der letztere hat bei einer der Mauerdicke
entsprechenden Breite von 1 Meter eine Höhe von 0·91 und eine
Länge von 3 Metern. Ueber die Thürpfosten hinaus liegt er mit
den anstossenden Mauertheilen derartig in Verband, dass seine obere
Fläche eine horizontale Ebene mit derjenigen der Mauerdeckplatten
bildet. Ueber ihm muss sich irgend ein bekrönender Aufsatz befunden haben, worauf drei nicht regelmässig angeordnete, etwa 0·15
lange, 0·08 Meter tiefe Löcher auf seiner oberen Fläche hinweisen.
Zwei runde Zapfenlöcher auf seiner untern Fläche, denen zwei
gleiche auf der Schwelle unten in den Winkeln der Thürpfosten
entsprechen, beweisen, dass die Portalöffnung durch eine zweiflü-
gelige Thür geschlossen war."

„Als wir das Monument zuerst kennen lernten, fanden wir allein
die Westseite intact. Der Südmauer (Tafel IV) fehlten Steine in den
Ecken und theilweise die Deckplatten, andere Quadern namentlich
in den oberen Lagen waren soweit verschoben, dass ein gelegentlicher Einsturz befürchtet werden konnte. Ein grosses Erdbeben,
dessen Hauptrichtung in der Verschiebung dieser Steine noch erkennbar sein soll, vielleicht auch anderweitige Schicksale hatten in
der Mitte der Nordwand eine Lücke durchgerissen und die Ostwand
fast ganz bis auf den Fussboden zerstört. Alle aufrecht stehenden
Theile der Umfassungsmauer zeigten sich innen auf den beiden
obersten Quaderschichten mit fortlaufenden Reliefs verziert, und
zahlreiche Reliefblöcke, die wir theils im Hofe auf der Oberfläche
liegend oder halb verschüttet sahen, theils späterhin bei einer sorg-
fältigen Untersuchung der Felsabhänge mitunter in weitem Abstande
wieder auffanden. und von denen zu hoffen ist, dass sie sich wieder
zusammenfügen lassen werden, setzen ausser Zweifel, dass jene

beiden Friesstreifen sich ebenso auf der Ostmauer fortsetzten. Als Eingangswand war die Südmauer auch auf ihrer Aussenseite in gleicher Weise geschmückt. Auch die Thürpfosten tragen Reliefs auf ihrer nach innen gewandten Seite, der Thürsturz auf beiden Seiten."

„Der Boden des Hofes ist durch Abarbeiten des zerklüfteten Gesteines und durch Ausfüllung der Lücken und Tiefen mit Bauabfällen und massenhaften Splittern hergestellt. Nicht in der Mitte des Raumes, sondern in der westöstlichen Diagonale gegen die Nordwestecke gerückt, wo zufällig ein grosser Felsblock anstand, war ein colossaler Sarkophag aus dem gewachsenen Stein herausgearbeitet. Von demselben sind noch zwei Stufen und die unteren Partien des Hauptkörpers erhalten, ausserdem verschiedene zum Theil mit Reliefs versehene Fragmente, welche die ursprüngliche Gestalt erschliessen lassen. Dieser Sarkophag zeigte die in Lykien überall angewandte Balkenarchitektur, jedoch in weit vorspringender Bedachung das griechische Marmorziegeldach nachahmend. Zwei grosse Bruchstücke einer viereckigen Basis und verschiedenartige kleine Fragmente von Sculpturen, auch kümmerliche Reste einer Marmorstatue, welche bei den Ausgrabungen des Innern, die fast überall bis auf den gewachsenen Fels geführt wurden, zum Vorschein kamen, zeigen sowohl dass es der Grabstätte auch an anderweitiger Ausstattung nicht gefehlt, als dass sie eine sehr gründliche Zerstörung erfahren hat."

„Einige Besonderheiten fallen noch auf der Hofseite der Umfassungsmauern auf. Abgesehen davon, dass auf der Osthälfte der Südwand von der Eingangsthür an nicht die beiden oberen Quaderschichten sondern die zweite und dritte von oben gerechnet die Reliefs enthalten, finden sich hier auch zwei leere Stellen, welche in einem verticalen Streifen von 0·74 Meter Breite sich durch die Reliefs hinziehen, als sei eine Wand im rechten Winkel stumpf gegen die Mauer stossend vorhanden gewesen; je ein rundes Loch von 0·03 Meter Durchmesser und 0·15 Meter Tiefe in der zweiten Quaderschicht von oben ist das einzige Merkmal, das auf eine Verbindung hindeutet. Deutlicher sind die Spuren eines späteren Einbaues in der Nordwestecke an beiden hier zusammenstossenden Mauern. Vier Meter von ihr entfernt findet sich an der Westwand eine senkrecht nicht ganz bis zur Schwelle der Mauer herablaufende flache Einarbeitung, 0·54 Meter breit, die Reliefs rücksichtslos durchschneidend, und drei Dübellöcher in ihr senkrecht untereinander. Drei

Meter von der Nordwestecke des Baues entfernt ist in der Nordwand eine gleiche, indessen nur 0·4 Meter breite Abarbeitung sichtbar; hier sind die Reliefs der oberen Quadernreihe nicht unterbrochen, aber zwei übereinander angebrachte Dübellöcher, sowie
entsprechende Klammerlöcher in der Deckplatte und der vorsprin-
genden Schwelle leiten entschieden auf eine gegen die Mauer stos-
sende Wand. Gestaltung und Zweck dieses Einbaues, der nach
der Arbeit der Dübellöcher zu schliessen schwerlich als ein Noth-
bau vorgestellt werden darf und jedesfalls antik ist, sind völlig unklar; vielleicht war derselbe von Holz, wenigstens fehlt die für
eine Steinconstruction nothwendige Fundirung."

Ueber das Gestein des Heroon und der sonstigen Monumente
von Gjölbaschi hat Herr Tietze Beobachtungen angestellt, die er
in folgenden eingehenden Bemerkungen zusammenfasst: „Die Berg-
kuppen der Umgebung von Gjölbaschi, sowie speciell der Berg
selbst, auf dessen Spitze das Denkmal sich befand, sind allseitig
aus einem weisslichen, meist etwas zuckerkörnigen Kalkstein von
grober massiger Schichtung zusammengesetzt, dessen Bänke bei
der Verwitterung in grössere Gesteinsblöcke zu zerfallen geneigt
sind. Es gehört dieser Kalkstein der in Lykien weit verbreiteten
sogenannten Eocänformation an, welche durch das Auftreten des
ausgestorbenen Foraminiferen-Geschlechts der Nummuliten sowohl
überhaupt als auch besonders in Lykien vorzugsweise charakterisirt wird."

„Während jedoch an einigen Punkten in der weiteren Umgebung des Denkmals solche Nummuliten in grosser Häufigkeit der
Individuen den betreffenden Kalkstein erfüllen, wie z. B. bei Kekowa, in der Bucht von Tristomo oder bei Hoiran und Nassif,
kommen dieselben am Berge von Gjölbaschi selbst sehr selten vor,
was insofern für die Verwendbarkeit des Kalksteines daselbst zu
Sculpturzwecken von einiger Bedeutung erscheint, als die Art dr
Verwitterung der natürlichen oder künstlich hergestellten Gesteins-
oberflächen je nach dem Vorhandensein oder Fehlen jener Ver-
steinerungseinschlüsse eine etwas andere wird. Das Fehlen dieser
Einschlüsse bedingt oft eine relativ grössere Gleichmässigkeit in
der Beschaffenheit des Gesteines und darf demgemäss die Seltenheit
der Nummuliten, sowie anderer Versteinerungen im Kalk von Gjölbaschi als ein für die Verwendbarkeit desselben nicht ungünstiger
Umstand aufgefasst werden."

„Viel nachtheiliger freilich als es die zahlreichere Anwesenheit von Nummuliten in dem besprochenen Kalk sein würde, erscheint bezüglich der künstlerischen Behandlung desselben eine andere Eigenschaft des betreffenden Gesteins, welche leider viel gleichmässiger über alle Gebiete seines Auftretens verbreitet ist, als die Vertheilung der Versteinerungen. Der eocäne Kalk dieser Gegend zeigt sich nämlich fast überall von kleinen Hohlräumen, sogenannten Drusenräumen durchsetzt, welche auf den Bruchflächen des Gesteins als Löcher erscheinen und die, so unbedeutend sie auch in der Regel sein mögen, einer Bearbeitung der betreffenden Blöcke durch Künstlerhand einige Schwierigkeiten zu bereiten im Stande sein mögen."

„Der hier geschilderte Kalkstein und zwar die bei Gjölbaschi selbst entwickelte an Nummuliten arme Modification desselben hat zweifellos das Material zu unserem Denkmal geliefert. Sämmtliche bei der Construction des letzteren verwendeten Blöcke, einschliesslich derjenigen, auf welchen die Relief-Arbeiten zur Darstellung gelangt sind, zeigen mit dem Gestein, welches die Berge zunächst Gjölbaschi zusammensetzt, eine völlige petrographische Uebereinstimmung was vielleicht schon deshalb nicht unerwähnt gelassen werden darf, weil an anderen Orten der karamanischen Küste unter den Trümmern der Bauten des Alterthums sich stellenweise (z. B. in Form von Säulenfragmenten) Gesteine finden, welche wie gewisse Granite oder Syenite sicherlich von weither nach den einstigen Städten dieser Gegend gebracht worden sind um daselbst zu baulichen Zwecken verwendet zu werden."

„Auch die so überaus zahlreichen alten Sarkophage der Gegend von Gjölbaschi, Kekowa und Jau, bestehen, nebenbei bemerkt, ähnlich wie das Heroon von Gjölbaschi aus dem in ihrer unmittelbaren Nachbarschaft vorkommenden Kalkstein."

„Spuren von ausgedehnten Steinbrüchen, aus welchen das Material für alle diese Arbeiten beschafft worden sein könnte, wurden allerdings nicht aufgefunden, es mag also wahrscheinlich sein, dass man unter den die benachbarten Gebirgsabhänge bedeckenden Blöcken oder einzelnen dort hervortretenden Felsen jeweilig eine Auswahl traf, und wenn sich diese Auswahl bei der Errichtung der oft so colossalen Sarkophage dieser Gegend vornehmlich nach der Grösse der betreffenden Blöcke richten musste, kann wohl für die zur Ausführung von bildhauerischen Darstellungen in Aussicht genommenen Steine auch eine gewisse Auswahl gemäss der Qualität, bezüglich der möglichst homogenen Beschaffenheit derselben versucht worden sein. Es befinden sich beispielsweise in der Nähe der Stelle, wo das Heroon stand, auf der Nordostseite derselben einzelne Felsen, welche eine relativ etwas homogenere Beschaffenheit als die meisten sonst in der Umgebung zerstreuten Gesteinsblöcke besitzen: das heisst welche einen etwas geringeren Grad der stellenweisen Durchlöcherung durch kleine Hohlräume aufweisen als dies bei vielen ihrer Nachbarn der Fall ist. Ganz frei von solchen Löchern habe ich allerdings bei Gjölbaschi keine irgendwie grössere Gesteinspartie gefunden, und so sind denn auch die zu den Reliefs verwendeten Blöcke damit zum Theil behaftet."

„Für den Erhaltungszustand der betreffenden Darstellungen haben jene kleinen Hohlräume einen entschiedenen Nachtheil im Gefolge gehabt, der nicht allein in der durch sie bedingten grösseren Disposition zur Verwitterung an sich, sondern vornehmlich in der durch sie hervorgerufenen Ungleichmässigkeit der Verwitterung gefunden werden darf."

„Ob die geschilderte Beschaffenheit des Gesteins den Künstler möglicherweise bisweilen zur Anpassung seiner Arbeit an kleine Unebenheiten der von ihm behandelten Flächen genöthigt haben kann, ist eine weitere Frage, welche aber natürlich nur von Fachmännern auf dem Gebiete der Kunst entschieden werden kann. Hier konnte wohl nur die Möglichkeit einer darauf bezüglichen Discussion angedeutet werden."

„Wenn dem Gesagten nach das bei der Errichtung des Heroon benützte Gesteinsmaterial (obschon für Bauzwecke vorzüglich) für bildhauerische Thätigkeit nicht unbedingt als vortheilhaft bezeichnet werden darf, so muss doch andererseits hinzugefügt werden, dass weit und breit in dem betreffenden Theil von Lykien ein besseres dafür nicht aufzufinden gewesen wäre, wie nach der bei der geologischen Bereisung dieses Landes gewonnenen Uebersicht getrost behauptet werden kann. Sind aber Unzukömmlichkeiten oder besondere Schwierigkeiten in dem verfügbaren Material zu überwinden gewesen, dann kann deren glückliche Besiegung bei Beurtheilung des Kunstwerks dem Künstler und der Bewunderung für denselben nur zu Gute kommen."

Mit Ausnahme einiger Verzierungen des Thürsturzes waren die wie bemerkt innen an allen vier Wänden und an der Eingangsmauer aussen angebrachten beiden Friessstreifen, welche einst eine

Gesammtausdehnung von über hundert Meter laufender Fläche repräsentirten, sämmtlich flache Basreliefs. In der bekannten altüblichen Technik sind sie durch Hineinarbeiten den Mauersteinen abgewonnen, nachdem diese in den Bau bereits versetzt waren. Dies letztere geht aus den schmalen Umrahmungen hervor, welche längs den Fugen stehen geblieben und mitunter für Parerga der Composition (Bäume, Säulen, einmal ein Tropaion) verwendet worden sind, meist aber den Zusammenhang der Composition wie die Bleibänder eines mittelalterlichen Glasmosaiks durchschneiden. Wären die Reliefblöcke fertig in den Bau versetzt worden, so würden diese oft sehr schmalen Ränder zumal bei der für altgriechische Praxis nachlässigen Bearbeitung, welche die Stoss- und Lagerflächen der Bausteine zeigen, unvermeidlich mitunter abgekantet sein, was nirgends der Fall ist. Schwer verständlich ist aber ihre Existenz an sich, für die ich weder ein sicheres Analogon noch einen Grund anzuführen weiss, der aus der Technik selbst oder der Natur des Gesteins klar herzuleiten wäre. Mit der verschiedenen Höhe der Quadern wechselt die Höhe der Friese, so dass die Figuren zwischen ein Viertel und ein Drittel der Naturgrösse variiren. Auch sonst finden sich Unregelmässigkeiten, welche auf ein rasches sorgloses Verfahren bei der Ausführung hindeuten. Schlechthin singulär erscheint die unmittelbar paarweise Anordnung der Friese übereinander, welche an vielen Stellen durch ideelles oder factisches Ineinandergreifen der Composition wieder aufgehoben ist. Ohne Frage ist sie der Technik der Malerei entlehnt — ein an sich vielerklärender Umstand, der gleich hier nachdrücklich hervorgehoben sein mag — und hat in den Reliefstil damit eine Freiheit der Ausbreitung und Schilderung übertragen, welche sich mehrfach geradezu mit dem Eindruck von Gemälden berührt.

Der Stein aus dem die Reliefs gearbeitet sind, sieht in frischen Bruchstellen weissem Marmor täuschend ähnlich und hat von einigen rothgelben Partien abgesehen, welche von einer Oxydirung eisenhaltiger Bestandtheile herrühren dürften, gleichmässig einen schönen grauen Ton und ein mehr oder weniger poröses Aussehen erhalten. Vielfach ist er mit kleinen Flechten überzogen, am meisten scheint ihn die Seeluft angegriffen zu haben. Die am stärksten verwitterten Reliefs sind diejenigen der Nordmauer und der Aussenseite der Südmauer, die den Sciroccostürmen vom Meer her ausgesetzt waren; weit besser haben sie sich an der Westwand, noch glücklicher an der Südmauer innen erhalten. Im ganzen stehen aber nur bei wenigen Blöcken und auch da nur streckenweise wo das Gestein zufällig eine besonders harte Textur hatte, die ursprünglichen Reliefoberflächen an, mehr oder weniger tief hat sie die Verwitterung fast überall beschädigt. Ist damit der Reiz der Ausführung, welcher an Sculpturfragmenten von Marmor für allen sonstigen Ruin zu entschädigen pflegt, bis auf verhältnissmässig geringe Spuren so gut wie verwischt, so hat doch die Deutlichkeit des Gegenständlichen in den Umrissen Bewegungen und Attributen der Figuren und die Wirkung der künstlerischen Motive an sich merkwürdig wenig darunter gelitten. In langer gesichert fortlaufender Folge, wie sie mit Ausnahme des Parthenon und des Pergamener Altars zufällig kein grösseres griechisches Bauwerk bewahrt hat, kommt die Composition des Ganzen nach ihrer Idee und Gliederung zu klarer Geltung, etwa wie von einem verschwundenen Gemälde die erhaltene Cartonskizze einen Begriff gibt. In erfreulicher Weise tritt schon bei erstem flüchtigen Betrachten der griechische Charakter der Reliefs durchgängig hervor, in allem Einzelnen, in der Anlage der Figuren und Figurengruppen, in der Zeichnung und Reliefbehandlung aller besser erhaltenen Theile spricht sich dann immer entschiedener die reizvolle Strenge und Einfachheit älterer hellenischer Kunstweise aus. Ganz ihrem Charakter gemäss und fast alterthümlich anmuthend ist namentlich die Naivität, mit der die ausführenden Künstler scheinbar den ganzen Vorrath ihres Wissens und Könnens bunt ausgeschüttet haben. Ohne deutliche äussere Trennung und meist ohne ersichtlichen inneren Zusammenhang sind unvermittelt die verschiedenartigsten Stoffe nebeneinandergestellt, in deren Gestaltenmenge sich die antiken Ortsbewohner einst schwerlich mit geringerem Staunen als der moderne Entdecker zurechtgefunden haben mögen, und in der eine Beschreibung auch jetzt ohne Hilfe von Zeichnungen, wie ich fürchte, unzulänglich orientiren wird.

Südmauer von aussen (Tafel IV)

So oft wir des Morgens, wenn die Südmauer in vollem Frühlicht glänzte, zu dem Heroon aufstiegen. überraschte uns ihre bildliche Ausstattung durch eine ungemein lebhafte Gesammtwirkung, die sich im Herantreten nur zu rasch in ein mageres Gerippe zerstörter Einzelformen auflöste. Theilweise erklärt sich dieser Ferneffect des Ganzen durch eine scharfe Gliederuung die sie an einem

mit tiefen Schatten sich markirenden Hochrelief in ihrer Mitte vor
den übrigen Wänden voraus hat.

Thor. Aus der oberen Stirnfläche des Thürsturzes springen
in gleichen Abständen vier Vordertheile von geflügelten Stieren
weit hervor, durchaus gleich geformt und streng gegen den Beschauer gerichtet; ein jedes bildet eine compacte Masse, da die
Flügel dem Hals aufrecht angeschmiegt und die Vorderbeine mit
straff an den Leib eingeschlagenen Hufen wie in gewaltsamem
Hochsprung angezogen sind. Die drei leeren Räume zwischen ihnen
füllen zwei altgriechische Rosetten und ein ebenso flach modellirtes
Gorgoneïon aus, welches letztere die Mitte über der Thürlichtung
bezeichnet. Auf dem freien Streifen unter diesem oberen wappen-
artigen Schmuck sind an dem Thürsturz einige kleine Figuren in
bescheidenem Basrelief angebracht, in denen man die Inhaber der
Grabstätte vermuthen möchte, zwei Ehepaare, die auf fein gedrechselten Sesseln in gemessenem Abstande, Mann und Frau, einander
gegenüber sitzen. Diese Figuren befinden sich genau unter den
Stieren, die Viergliederung also weiter führend, und zwar sitzen
rechts und links unter den beiden äussersten Stiervordertheilen die
Männer, beide bärtig, in langen Gewändern, mit Stab oder Scepter
in den Händen, unter den beiden mittleren die zwei Frauen, die
eine wie die andere verschleiert und in Begleitung einer kleineren
Dienerin oder Tochter, die hinter ihrem Rücken steht. Auf dem
Erdboden zwischen den beiden Paaren ist je ein Hund und eine
Schildkröte sichtbar, die letztere der einen Frau, die ersteren den
Männern zugewandt. Die Haltung der Figuren und ein gewisser
häuslicher Charakter dieser Darstellung erinnern stärker als verwandte andere Bildwerke in Lykien an die Weise attischer Grab-
reliefs.

Die beiden Thürpfosten sind aussen ohne alle Verzierung geblieben.

Rechts und links stossen dann an den Thürsturz und die
obern Enden der Thürpfosten die beiden Friesstreifen, die sich bis
an die Ecken des Baues fortsetzten und nachdem sie durch Erdbeben theils verschoben theils herabgestürzt waren, bis auf einen
Block sich ganz haben vervollständigen lassen.

Der obere Streifen linkerhand bestand aus drei überaus langen Quadern, von denen der äusserste links in Fragmenten
wieder aufgefunden wurde. Auf den beiden anderen, die sich im

Bau erhielten, gewahrt man eine Schaar von Kämpfern, unter denen
drei Berittene auffallen. Dem einen, der eine Helmkappe, einen
eingebogenen Schild, Chiton und flatternden Mantel trägt, bricht
das Pferd, von einem Lanzenstich des Gegners getroffen, unter dem
Leib zusammen; der zweite, bis auf Schild und Mantel in gleicher
Tracht, galoppirt mit eingelegter Lanze; der dritte, der eine phrygische Mütze auf hat, reitet eine Anhöhe hinan und schwingt in
der Rechten eine Streitaxt. Tracht und Bewaffnung der Figuren ist
von grosser Varietät, die es erschwert, die streitenden Parteien aus-
einanderzuhalten. Intendirt scheint eine Schlacht von Griechen mit
Orientalen, möglicher Weise mit Amazonen.

Der untere Friesstreifen linkerhand zeigt Lapithen-
und Kentaurenkämpfe, die sich in Gruppen von zwei, drei und vier
Figuren ordnen. Die Lapithen sind mit fliegenden Mänteln und
langen gegürteten Röcken bekleidet, bald barhäuptig, bald mit einer
Helmkappe bedeckt und führen Schwert Schild Lanze, einmal auch
ein Doppelbeil. Die Kentauren haben lange Thierfelle und kämpfen
mit Baumstämmen oder schleudern grosse Gefässe in der erhobenen
Hand. Belebt wird die Reihe durch drei langbekleidete weibliche
Gestalten, von denen die eine mit aufgelöstem Haar entflieht, die
zweite von ihrem Räuber mit beiden Armen um den Leib gepackt
fortgetragen, die dritte von einem Kentauren rückwärts am Halse
umschlungen und zu Boden gedrückt wird. Deutlich ist die Gruppe
des Kaineus zu erkennen. In der Gesammtauffassung wie in der
Wahl der einzelnen Situationen berührt sich die Composition entschieden mit den entsprechenden altattischen und fordert zu Vergleichen auf, die indessen, so viel ich bis jetzt sehe, weniger stricte
Wiederholungen ergeben, als man nach der Erinnerung vorauszusetzen geneigt ist. Einer Gruppe des Theseionfrieses gleicht am
meisten durch die nemliche Anordnung und Orientirung ein Kämpfer-
paar: rechts der Kentaur hoch aufspringend, mit beiden erhobenen
Armen einen Baumstamm schwingend, links der ins Knie gesunkene
Lapithe den mit Gewand umschlungenen linken Arm ihm entgegen-
streckend. Den Bedingungen der Friesfläche entsprechend legen
sich die Gruppen breiter auseinander als an den Metopen des Parthenon und gewinnen dadurch eine lebhaftere Action, sind aber
loser verbunden und matter gedacht als am Theseion oder gar am
Phigaliafriese. Fühlbar wird dieser Abstand namentlich an einem
Kampfschema, welches der Phigaliafries in der Hauptsache gleich-

artig enthält: ein nach rechts gewandter Lapithe stellt seinem nach
links niedergebeugten Gegner ein Bein, indem er ihn um den Hals
packt. Wie gelähmt stemmt sich hier (a)*) der Kentaur mit dem

a

b

Nacken an die Brust des Lapithen, während er ihn dort (b) in
wilder Wuth zu überrennen sucht.

Die beiden Friesstreifen rechts von dem Thürsturz
sind gleichfalls unter sich getrennt, in sich selbst jedoch offenbar
einheitlich gedacht. Auch hier scheint es sich um einen mythischen
und einen historischen Kampf zu handeln. Der obere Streifen
bestand aus fünf Blöcken, von denen die beiden letzten am rechten
Ende fehlten. Dieselben wurden tief am Südabhang unter Fels-
geröll entdeckt und in ihren Reliefs, welche leider so tief zerfressen
waren, dass nur die allgemeinsten sachlichen Züge noch hervor-
treten, erkannte Petersen den Stoff, der in dem ganzen Streifen be-
handelt ist, den Kampf der Sieben gegen Theben. Im Interesse
der Deutlichkeit schematisire ich die Figuren dieser beiden Blöcke
mit Buchstaben:

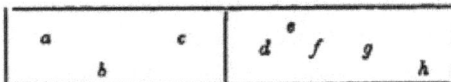

a) gegen einen Thurm lehnt nach rechts eine Leiter, von der
Kapaneus rücklings herabfällt; sein linker Arm mit einem
runden Schild berührt bereits den Boden, während die Beine

---

*) Die Zeichnung ist aus den Skizzen R. Schneiders gebaut, welche über-
haupt für die Beschreibung der beiden Friesstreifen dieser äusseren Wandseite vielfach zu Grunde lagen.

auseianderfahrend hoch in der Luft schweben; eine Andeutung des Blitzes fehlt.

b) ein Todter hingestreckt auf dem Boden.

c) ein Salpinxbläser, der. auch in den Darstellungen vom Kampfe des Eteokles und Polyneikes auf etruskischen Aschenkisten wiederkehrt[*) ·und zu den typischen Bestandtheilen der bildlichen Ueberlieferung des Sagenstoffes zu gehören scheint.

d) Amphiaros auf dem von zwei Pferden (f) gezogenen Wagen in den Erdspalt versinkend. Der Wagen ragt noch mit dem obern Rand aus dem Boden. seine Räder sind wie die Beine der Pferde nicht mehr sichtbar. Der Held steht, den Schild am Arme, das Schwert an der Seite, von den Hüften an über dem Wagenrande sichtbar, streng aufrecht und blickt, wie es scheint, empor, indem er mit dem über den Kopf erhobenen rechten Arm sich gegen den Blitz des Zeus schützt.

e) in der Höhe über den Pferden eine nach links sitzende verschleierte Gestalt, den rechten Arm im Ellenbogen auf den rechten Schenkel gestützt und die Hand wie sinnend gegen den leise geneigten Kopf erhoben, unklar ob männlich oder weiblich, vielleicht eine Localgottheit, wie R. Schneider bemerkte, oder Zeus selbst, woran Petersen dachte.

g) ein mit erhobenem Schild nach links ausschreitender Krieger, der den behelmten Kopf nach rechts wendet, augenscheinlich nicht in Kampfstellung, eher in gemüthlicher Beziehung zu der folgenden letzten Figur gedacht.

h) ein nach rechts auf Knie und Hände niedergesunkener Krieger, von dessen Bewaffnung nur ein Ende des Helmbusches erkenntlich ist. Seine Haltung erinnert an die Darstellungen vom Selbstmorde des Aias, möglicher Weise also Menoikeus der sich vor den Mauern Thebens tödtet.

Die Reliefs, welche die Darstellungen dieser beiden Blöcke nach links fortsetzen, bilden lose aneinandergereihte Kampfscenen, in denen bei aller Varietät der einzelnen Situationen nur der griechische Charakter der streitenden Parteien im Allgemeinen betont scheint und Anhaltspunkte für die Deutung bestimmter Gruppen fehlen. Namentlich lässt sich der Zweikampf des Eteokles und Polyneikes, welcher nothwendig vorauszusetzen wäre, vielleicht nur in Folge der gegenwärtigen Erhaltung mit Sicherheit nicht erkennen.

[*) Overbeck Bildwerke zum thebischen und troischen Heldenkreis S. 138 f.

Dagegen scheint ein Viergespann mit einem Helden, welcher auf
ihm links am Ende dem Schlachtgetümmel entflieht, nicht blos aus
künstlerischen Gründen, als Gegenstück zu dem am anderen Ende
gleichfalls nach auswärts gerichteten Gespanne des Amphiaraos die
Composition abzuschliessen. Vielleicht ist Adrastos gemeint, der
nach der Sage allein von allen Helden den Kampf überlebt.

Das Hauptinteresse des untern Streifens concentrirt
sich in den Reliefs des ersten Blockes linkerhand, welche unmittelbar unter das Viergespann des Adrastos zu stehen kommen
und eine geschlossene Scene bilden. In der Mitte des Blockes zeigt
der Fussboden eine estradenartige Erhöhung auf der ein bärtiger
Herrscher thront. Er sitzt nach rechts im Profil in gekrümmter
Haltung, die rechte Hand nachdenklich gegen das Gesicht führend,
auf einem mit Zeugstoff behangenen Sessel, die Füsse auf einen
Schemel gestellt, und hält in der Linken einen langen Stab aufrecht, dessen oberes Ende halbkreisförmig gekrümmt scheint. Seine
Tracht, ein langer bis zu den Füssen reichender Chiton mit einem
umgeschlagenen weiten Mantel, ist griechisch bis auf die Kopfbe-
deckung, in der trotz ihrer Beschädigungen eine umgebogene Tiara
erkennbar ist. Zu beiden Seiten neben ihm in seiner Nähe stehen
auf der Estrade, die Figur voll dem Beschauer zugewendet, zwei
Diener, rechts ein Schildträger, links in graziöser Fussstellung ein
Jüngling, der über dem kurzen Chiton wie es scheint einen Panzer
trägt und die Hände am Kopf hält, etwa um sich eine Binde anzulegen *). Linkerhand im Rücken des Herrschers kniet seine Leib-
wache auf der Erde, eine sich aufrollende Front von vier gleichmässig gerüsteten und wie in Parade bewegten Hopliten. Sie haben
sich auf das rechte Knie niedergelassen und halten einen grossen
runden Schild am linken Arme so, dass er aufrecht auf der Erde
steht; zwei von ihnen schultern lange Lanzen, die beiden andern
halten in der gesenkten Rechten das blank gezogene Schwert gegen
die Erde. Ein weiterer Schildknecht steht, wie die Satelliten der
Estrade in Vorderansicht, rechts am Ende des Blocks, etwa als
Wächter des Eingangs. Vom Eingange herkommend ist jedenfalls
die letzte Figur dieser Scene zu denken, die sich unmittelbar links

---

*) Wie die sich Rüstenden auf der Durisschale des österreichischen Museums
(Conze Vorlegeblätter VII 1). Die graziöse Fussstellung kehrt wieder an der Figur
eines sich Rüstenden auf der Troilosschale des Euphronios (Conze Vorlegeblätter
V 6, Klein Euphronios S. 80).

neben dem Wächter befindet; in ihr liegt offenbar der Schwerpunkt
des Ganzen. Es ist ein bärtiger Mann, wie es scheint ohne weitere
Waffen als einen Helm auf dem Kopfe, welcher gegen den Herrscher gewendet wie in Anrede den rechten Arm erhebt und dabei
den linken Fuss auf eine eigenthümliche, nicht näher charakterisirte
oder nicht näher mehr erkennbare Bodenerhöhung setzt. Die Art
wie er dies thut, nicht in gewöhnlicher Schrittstellung, sondern wie
behutsam tastend, indem die linke Hand auf dem erhobenen Knie
ruht, verräth einen ungewöhnlichen Vorgang. Nach Analogie des
berühmten Bildes der Perservase im Museo nazionale zu Neapel *)
denkt man an die von Aelian überlieferte orientalische Sitte, nach
welcher diejenigen, welche dem Herrscher in wichtiger Angelegen-
heit Rath kündeten, einen goldenen Plinthos betraten.

Nicht ohne inneren Zusammenhang lassen sich dann die Reliefs
verstehen, welche sich rechts anschliessen und ohne Abschnitt bis
an das Ende der Reihe fortlaufen. Offenbar erläutern sie den Inhalt der Rede, die der Eingetretene an den thronenden Herrscher
zu richten sich anschickt. Es handelt sich um die Botschaft von
einer Schlacht, in welcher die Landung einer Flotte eine Rolle
spielt. Die Flotte ist rechts am Ende durch einige Schiffsvorder-
theile angedeutet. Gerüstete eilen von ihr aufs Land; zwei Krieger
retten nach ihr einen Todten den sie auf den Schultern tragen;
weiterhin nach der Mitte ist der Kampf hart entbrannt, in welchem
mehrere Bogenschützen vielleicht nicht ohne Bedeutung sind. Bestimmter individualisirende Elemente jedoch sind in dieser Darstellung nicht mehr vorhanden oder noch nicht beachtet worden.

Südwand von Innen

Hatte man die schwer zugängliche Schwelle des Portals er-
klommen und trat in den grossen offenen Hof ein, so gaben die
Bildwerke auch in ihrem gegenwärtigen Zustande hinreichenden
Anhalt für eine Vorstellung der Pracht, die sich einst als der Stein
noch seine marmorartige Farbe besass, gehoben durch Malerei,
wie zu vermuthen ist, rings an den Wänden entfaltet haben musste.
Höchst disparate und an sich ganz unscheinliche Funde, welche
bei den Grabungen im Innern des Heroon sich ergaben, lassen
ausserdem auf eine mannigfache Detailausstattung der Grabstätte

---

*) Heydemann die Vasensammlungen des Museo nazionale zu Neapel n. 3253,
Bötticher archäol. Zeitung 1860 S. 71.

schliessen und werden in zukünftigen Studien vielleicht erlauben, dieselbe bestimmter zu vergegenwärtigen. Dominirend erhob sich jedesfalls der in seinen unteren Partien dem lebendigen Felsen abgewonnene, aller Wahrscheinlichkeit nach in zwei Stockwerken aufgebaute grosse Sarkophag, dessen Ueberreste theilweise noch Basreliefs aufweisen. Für statuarischen Schmuck sind die Fragmente einer viereckigen Basis und etliche Marmorbrocken, unter denen namentlich Theile eines Flügels, auch eines Löwenkopfes auffielen, eben noch beweisend, und gewollt oder ungewollt wird die in allen Klüften und Rissen des Bodengesteins thätige Triebkraft der Natur die ganze Stätte belebt und verschönt haben. Die Vegetation, die wir im vergangenen Jahre von Grund aus entfernt hatten, fanden wir in diesem Frühling schon überall wieder frisch im Aufstreben begriffen, in einzelnen Schösslingen sogar schon überraschend hoch emporgewachsen.

Thor. Wie auf der Aussenseite sondert sich der bildliche Schmuck der Thür auch innen streng ab von der Art der Friese. Wie dort scheint er auch hier mit besonderem Bezug zu der Grabstätte und ihrem Culte gewählt zu sein, gewissermassen als Titel für die Art und Bestimmung des Ganzen. Schon durch ihre von allem sonstigen Bildwerk abstechenden Dimensionen fallen sofort zwei lebensgrosse eigenthümlich bewegte Gestalten in die Augen, welche das schmale hohe Viereck der beiden Thürpfosten ausfüllen. Es sind zwei tanzende Jünglinge, die man nach ihrer zierlichen Haltung und ihren weichen Formen auf den ersten Blick für weiblich halten kann. Im Wesentlichen symmetrisch componirt, stehen sie, den untern Theil der Figur im Profil nach der Thürlichtung zugewandt, wie im Vorschreiten begriffen auf den Fussspitzen, während sie den Oberkörper in Vorderansicht zeigen und den einen Arm gesenkt, den andern in verschiedenem Schema in der Höhe der Achsel erhoben halten. Sie haben lang gelocktes, jedoch nicht bis auf die Schultern reichendes Haar, tragen einen dünnen ärmellosen Chiton, der bis auf die Mitte der Oberschenkel herabreichend alle Körperformen auch die für das Geschlecht entscheidenden, leise durchscheinen lässt und führen auf dem Kopf einen nach oben trichterförmig sich erweiternden hohen Aufsatz, in dem wohl ohne Frage ein Kalathos zu erkennen ist. Ihre ganze Erscheinung gemahnt an die Darstellungen der Kalathostänze, welche nach den Auseinandersetzungen L. Stephani's *) im Demeter-

---

*) Stephani *Compte-rendu* 1861 S. 63 folg.

4

cultus und hauptsächlich in den kleinasiatischen Artemisdiensten gebräuchlich waren. In Lykien muss ihnen irgend ein sepulcraler Bezug zukommen, der ja mit der Natur dieser Dienste an sich wohl vereinbar ist. Diese sepulcrale Bedeutung wird nicht blos hier durch die Stelle an der die Tänzer angebracht und die Art und Weise wie sie hervorgehoben sind, sondern durch die Uebereinstimmung anderer lykischer Grabdenkmäler erwiesen. Ein Sarkophag der in dem oberen Theile der Stadt Xanthos unter der Akropolis in Trümmern liegt, zeigt in dem einen Giebelfelde seines spitzbogigen Daches zwei weibliche Figuren in durchaus gleicher Tracht und Bewegung, und nach einem aufgefundenen Fragment war auch der im Heroon befindliche Sarkophagbau mit einer ähnlichen Darstellung versehen.

Die Musik zum Tanze liefern acht gnomenhafte nackte Gestalten, welche nebeneinander auf dem Thürsturze zu sehen sind. Während die Tänzer an den Thürpforten zu den verhältnissmässig besterhaltenen Stücken des ganzen Baues gehören, sind diese keineswegs stärker exponirten Verzierungen des Thürsturzes merkwürdiger Weise so schadhaft geworden, dass sich über ihr ursprüngliches Aussehen kein sicheres Urtheil fällen lässt. Täuscht indessen nicht Alles, so fielen sie aus dem einheitlichen Stil des übrigen Bildwerks als ein epichorisches Einschiebsel heraus. Es sind plump angelegte dickleibige Zwergsilene die mit ungelenken Bewegungen und scheinbar caricaturartigen Gesichtern einen scurilen Eindruck machen und als Thürornamente, wofür ja zur Abwehr von Unheil mit Vorliebe Formen und Stoffe von schreckhaft abstossendem Charakter gewählt wurden, sicherlich machen sollten. Bemerkenswerth ist, dass sie wie es scheint sämmtlich den nemlichen korbähnlichen Kopfputz tragen und schon dadurch als zu den Tänzern gehörig bezeichnet sind. Fünf von ihnen sitzen auf einem Felsen, einem Sessel, auf Schläuchen, oder Vasen, drei von ihnen tanzen auf den Fussspitzen, der eine en face in einer Haltung welche ganz dem ägyptischen Beza entspricht. Vier von den Sitzenden musiciren auf einer Lyra, einem Tambourin, einer Doppelflöte und einem andern nicht mehr bestimmbaren Instrumente; der fünfte scheint sich, wenn hier nicht ein Zufall der Erhaltung trügt und Doppelflöten verschwunden sein sollten, wie der Silen auf der Ficoronischen Cista mit beiden Fäusten auf den Leib zu trommeln.

Wendet man sich rechterhand von dem Thüreingang zur
Osthälfte der Südmauer, so bemerkt man eine Unregelmäs-
sigkeit der Anordnung, für die noch keine triftige Erklärung gefunden
ist. Nur die unmittelbar neben der Thür befindlichen Reliefs — im
Ganzen drei Blöcke — gehören den nemlichen Steinlagen an wie
die andern auf der Süd- West- und Nordseite erhaltenen Streifen;
die nach Ost darauf folgenden liegen um eine Steinlage tiefer.
Zwischen den höher und den tiefer gelegenen findet sich der eine
der beiden von Niemann (S. 37) erwähnten freigelassenen Verticalstreifen mit einem Bohrloch, welche auf einen im rechten Winkel
anstossenden Anbau hinzuweisen scheinen, auf den man bei der
Ausführung der Reliefs Rücksicht nahm.

Die Darstellungen der genannten drei Blöcke stehen möglicher
Weise in innerer Beziehung zu einander. Auf dem an den Thürsturz
stossenden obern gewahrt man ein nach rechts galoppirendes Viergespann, das sich durch gute Erhaltung auszeichnet. Der nur durch
ein vierspeichiges Rad und den obern Contur des Kastens ange-
deutete Wagen ist im Profil gezeichnet, während die Pferde mit
lebendig variirter Kopfhaltung sich nach rechts perspectivisch vor-
schieben. Auf dem Wagen steht, sich am Rande anhaltend, ein
mit Rundschild Panzer und Helm bewaffneter Krieger und rechts
hinter ihm ein Wagenlenker der sich ihm en face zuwendet. Zügel,
Zaumzeug, auch ein Viertel des Radkreises und der Schwanz des
vordern Pferdes sind nicht plastisch wiedergegeben und zählen zu
den vielfachen Details, welche auf einstige Zuthat von Malerei
schliessen lassen. — Auf dem Block welcher unter dem Viergespann
an den Thürsturz anstösst, ist eine lykische Localsage abgebildet,
das Abenteuer des Bellerophon mit der Chimaira, deren Name an
den brennenden Feuern von Janar heftete*). Der Kampf hat den
Charakter einer Verfolgung. Die Chimaira, in der gewöhnlichen
griechischen Gestalt als eine Löwin mit Schlangenschweif und einem
Ziegenkopf auf dem Rückgrat, flieht nach rechts auf etwas erhöhtem
Boden, der dem Gebirgsschauplatz der That gilt; ihr hinterdrein
eilt auf dem anspringenden Pegasos lanzenschwingend der jugendliche Held, der ein erstes Geschoss bereits auf den mittleren Kopf

---

*) Vielleicht ist der Ort für diese Darstellung unmittelbar neben der Thür
gleichfalls mit Rücksicht auf die religiöse Bedeutung gewählt, welche der Chimaira
und dem Pegasos wie allen phantastischen Mischbildungen nach antiker Vorstel-
lungsweise innewohnt.

des Ungethüms entsendet hat. Zwei Bäume begrenzen das Bild zu beiden Seiten. — Der links anstossende dritte Block zeigt eine in entgegengesetzter Richtung componirte Entführungsscene. Ein mit Chiton Helm und Schild ausgestatteter Krieger, in energisch ausgreifendem Eilschritt begriffen, trägt eine mit ausgebreiteten Armen klagende jugendliche Gestalt im Arm, die nach ihrem allerdings nicht ganz deutlichen Kopfschmuck weiblich sein wird.

Von der nach Osten in zwei Streifen weiterlaufenden, wie bemerkt um eine Lage tieferen Darstellung waren im Baue, wie wir ihn vorfanden, nur elf Blöcke vorhanden, ihre Fortsetzung bis in die Hofecke fehlend. Durch Funde ist sie im Ganzen auf sechzehn Stück gebracht worden, deren Abfolge durch Proben noch festzustellen ist; eines dieser zugefundenen Stücke gibt den Beweis, dass sie um die Hofecke auf die Ostseite übergriff. Sie schildert ein Gelage von bärtigen Männern mit Tanz und Spiel, in der Weise älterer griechischer Vasenbilder, aber mit verschiedenen abweichenden Zügen, deren stereotype Wiederholung auf andern lykischen Grabdenkmälern dem Ganzen einen gewissen Localcharakter aufprägt. Die beiden Streifen stehen in innerer Beziehung zu einander. In dem obern entwickelt sich eine Reihe von acht ihrer Länge nach nebeneinander gestellten Betten mit paarweise gelagerten Zechern, hin und wieder unterbrochen durch die Gestalt eines herbeieilenden oder den Becher darreichenden Knaben. Wie zur Compensation gegen diese etwas monotone Breite betont der untere Streifen die Verticale in einer Reihe von jugendlichen, meist weiblichen Gestalten, welche in annähernd gleichem Abstande von einander streng aufrecht tanzen oder musiciren. Es ist ein ruhiger zierlicher Tanz, den sie aufführen, mit überraschend freien und realistischen Gewandmotiven. Ein Schenktisch mit zwei Gefässen (in Form der sogenannten Lekane) und zwei Mundschenken rechts am Ende vervollständigen die Scene.

Formell ungleich bedeutender und auch sachlich von höherem Interesse sind die Reliefs auf der Westhälfte der Südmauer linkerhand wenn man aus der Thür eintritt. Wie eine von Emanuel Löwy im Drange der Zeit rasch hergestellte vorläufige Skizze, in welcher sorgsam alles noch Erkennbare reproducirt, störendes Detail der zufälligen Erhaltung übergangen ist, auf Tafel VII VIII oben veranschaulicht, ist hier für den obern Streifen ein Stoff der Odyssee für den untern die Meleagerjagd gewählt, wobei für den ersteren mit seiner längeren Front von Betten eine Rücksicht der Symmetrie auf das conform sich hinziehende Gelage der östlichen Wandhälfte mitbestimmend gewesen sein mag. In der Composition, welche den untern Streifen ungetheilt und bis auf einen fehlenden Block und einige kleinere ausgesprengte Stellen vollständig ausfüllt, nimmt man auf den ersten Blick alle Vorzüge einer in langer Tradition gewonnenen Durchbildung des Stoffs wahr. Ein geschulter edler Geschmack, auf klare Gliederung und leichte lebensvolle Lockerung des Ebenmaasses bedacht, beherrscht das Ganze und lässt ahnen, dass es mit besonderer Vorliebe ausgeführt war, wie es noch jetzt ohne Frage als das künstlerisch vornehmste Stück des gesammten Bilderschatzes dasteht.

Centrum der Darstellung ist der Eber, den namentlich die Zeichnung des Kammes und der geringelte Schwanz gut charakterisirt. Er nimmt indessen nicht genau die Mitte ein, sondern ist etwas weiter nach links, in die Richtung nach der er rennt, gerückt; fein ist sein Vordringen auch durch das stark betonte Zurückweichen und die heftigere Bewegung der Figuren auf der linken Seite ausgedrückt, während die hinter ihm folgende Jägerreihe sich länger und zugleich ruhiger entwickelt. Vorn und rückwärts durch zwei anspringende Hunde gepackt, wird er zunächst durch drei unmittelbar ihn umstehende Jäger bedroht. Rechts stösst ein mit Schild und Helm Gewappneter mit dem Speer auf ihn herab, im Hintergrunde schwingt Theseus über ihm die Keule, und linkerhand an dem Ehrenposten holt die bis auf die oberen Theile verlorene Gestalt des Haupthelden mit hocherhobener Lanze gegen ihn aus. Zu beiden Seiten folgen zwei Kämpferpaare, die auf der rechten Seite übersichtlicher zusammengehalten sind, auf der linken durch das Lineament ihrer Angriffsbewegungen und stürmisch flatternden Gewänder aufgelöster erscheinen. In dem vollgerüsteten bärtigen Nachbar des Meleager, der mit dem gezückten Schwerte sich entgegenstellt, wird man Peleus erkennen dürfen und die ihm folgende anmuthige Gestalt, die auf den Fussspitzen stehend den Bogen abschiesst, ist Atalante. Bestimmte Personen der Sage sind sonst nicht ersichtlich, bis auf den auch hier zum Tode verwundeten Ankaios, welchen linkerhand zwei sorglich gebückte Genossen an Schultern und Beinen gefasst halten, um ihn niederzulegen, nachdem sie ihn von dem Kampfplatze fortgetragen haben. Die drei Figuren dieser Gruppe bilden mit einer vierten rechts anschliessenden, deren Bewegung wie die eines besorgt Rufenden zur Kampfreihe überleitet, eine symmetrische

Gleichung zu zwei Paaren der entsprechenden Compositionsstelle rechter Hand. Auch dort bezeichnet die Lage eines der Gefahr entrückten Verwundeten eine Pause in der fortlaufenden Bewegung des Ganzen; von einem Freunde hinweggeleitet ist er ohnmächtig niedergesunken und wird von ihm im Rücken mit den Knieen unterstützt und mit beiden Händen unter den Schultern gefasst, wie der ermattete Orest von Pylades in einer berühmten auch im Niobidenkreise verwertheten Gruppe; die beiden anderen eilen vorüber ohne ihrer zu achten. Weiterhin ist die Composition lückenhaft und nur ihr Abschluss auf einem in die Westmauer eingebundenen Blocke noch vorhanden: ein für die Erquickung des Ohnmächtigen besorgter Jagdgenosse ist seitab zu einem Brunnen gelaufen und holt vermittelst eines Strickes, den er mit erhobener Rechten kunstgerecht emporzieht, in einem Eimer Wasser aus der Tiefe herauf. Idyllisch wie hier, und mit der nemlichen Abwendung nach aussen klingt das erregte Leben der Handlung auch am linken Ende aus. Die letzte Figur ist nicht ganz mehr kenntlich, die beiden vorletzten sind zu einer zartempfundenen Gruppe vereinigt deren Idee aus dem Phigaliafriese geläufig ist. Ein Jäger hat den verwundeten Freund aus dem Kampfe abgeführt; er hält ihn mit dem rechten Arm im Rücken und fasst seine linke Hand, die ihm auf der Schulter ruht: in dieser Lage halb aufrecht halb hängend schleppt sich der Kranke mit kurzen Schritten vorwärts, indem er müde den Kopf senkt und sich mit der Rechten auf die Lanze stützt. Eine Gegenüberstellung des Phigaliareliefs ist lehrreich an sich und leitet mit einem bedeutenden Fingerzeig zugleich auf die kunstgeschichtliche Würdigung des Ganzen.

Dort hat man eine originale Erfindung erster Hand, die man versucht ist sich geradezu als Vorlage zu denken. Alle Veränderungen der Wiederholung, leichtersichtlich wie sie keiner Beschreibung bedürfen, lassen sich auf ein Umcomponiren im Gegensinne zurückführen. Natürlicher ist aber, dass der Kranke zurück, nicht voraus ist, auch hat das Schema mit dem Verzicht auf die Nacktheit einen gegensätzlichen Reiz eingebüsst und durch das Divergiren der beiden Köpfe etwas an Innigkeit verloren.

Der obere Streifen gliedert sich durch eine pfeilerartig leer gelassene Stelle in zwei ungleiche Hälften, eine kleinere zur Linken, eine breitere zur Rechten. Während in jener eine ruhige Vereinigung edel bewegter Frauengestalten den Blick fesselt, spielt sich in dieser das blutige Drama eines eigenthümlichen Männerkampfes ab. Schon in diesem schwerlich ungewolltem Gegensatze scheint sich ganz allgemein eine gewisse Zusammengehörigkeit anzukündigen.

Wie Apoll fernher durch seine Geschosse die Achaier oder die Kinder der Niobe tödtet, so steht hier der in die Heimath zurückgekehrte Odysseus als strafendes Schicksal vor der Versammlung seiner wehrlosen Nebenbuhler. Unscheinlich, wie es die griechische Kunst zumal der Plastik liebt, um die Hauptsache die es auszusprechen gilt durch keine laute Nebenwirkung zu stören, aber hinreichend deutlich ist der Schauplatz durch mehrere uncanellirte Säulen mit auffallend kleinem dorischem Capital, welche die Steinfugen verdecken, und durch eine Thür am linken Ende als der Männersaal des königlichen Palastes bezeichnet. In diesem ruhen die Freier auf ihren Betten, je zwei auf einem, deren im Ganzen sieben in zwei Abtheilungen zu drei und vier nebeneinander stehen. Trinkgefässe und eine grosse schön geformte Amphora, die sich auf einer eigenen Basis zu Füssen des ersten Freiers erhebt, deuten das Gelage an. Der Moment der Handlung ist aus dem ersten Abschnitte der homerischen Erzählung gewählt, der das charakteristische Motiv des Bogenschiessens bot, ehe der Kampf mit den herbeigeholten Waffen beginnt und in regelrechte Schlacht ausartet. Wie die Odyssee es schildert, steht Odysseus am Eingange des Saales bei der Thür, sofort erkennbar an der üblichen Tracht und seiner kühnen Haltung, die von sonstigen Stellungen der Bogenschützen bemerkenswerth abweicht. Pfeil und Bogen sind nicht plastisch angegeben, wie die völlige Erhaltung der ganzen Reliefpartie sicher stellt, sondern wahrscheinlich gemalt zu denken. Ihm zur Seite an seiner Rechten, in gleicher Haltung, aber im Wuchs wie im Schritt bescheiden zurücktretend steht Telemach, mit dem

geztickten Schwert den Bogenschützen gegen einen etwaigen An-
griff deckend, Vater und Sohn einmüthig vereint, eine geschlossene
schöne Gruppe, die durch das gleichzeitige siegessichere Vordringen
und eine analoge Vertheilung der Rollen an die berühmten Tyran-
nenmörder erinnert.

Ihrem Heldenmuth gegenüber entfaltet sich die Ohnmacht der
Freier; einige sind bereits getödtet, alle anderen beherrscht Schrecken
und die Sorge um Abwehr. Auf dem ersten Bette neben dem
Kämpferpaare liegt Eurymachos, der mit erhobenem Arme allein
von allen aber vergeblich um Gnade fleht (Od. XXII 45 folg.).
Seine Nachbarn sind aufgefahren und knieen auf den Betten, der
eine hat einen Tisch ergriffen den er als Schild vorhält, der andere
zuckt zusammen und führt mit beiden Händen in den Rücken, wo
ihn ein Pfeil verwundet hat. Ein vierter ist von dem Lager vermuthlich des Eurymachos herabgesprungen und zurückgewichen
und hält sich ängstlich das aufgelöste Gewand zum Schutze vor.
Dann folgt Antinoos, den als den ärgstfrevelnden Odysseus zuerst
tödtet, als er das Trinkgefäss zum Munde führt und der hier
entseelt daliegt, die rechte Hand im Nacken, während der leblos
hinabgleitenden Linken die Schale entsunken ist, ganz entsprechend
der homerischen Beschreibung (v. 15 folg.):

> Aber Odysseus schnellte den Pfeil ihm grad' in die Gurgel,
> Dass aus dem zarten Genick die eherne Spitze hervordrang.
> Nieder sank er zur Seit', und der Hand entstürzte der Becher.

In anderer Wendung hält ein folgender Freier einen Tisch oder
Schemel vor das Gesicht, in schöner Haltung neigt sein Nachbar,
der schon getroffen ist, das Haupt auf die Brust, hinter seinem
Bette suchen zwei andere besonders aufgeregte Gestalten Schutz,
und so laufen die nemlichen Motive variirt und abgestuft bis an
das Ende. Dem Verderben entrinnt nur einer, aber auch dieser nur
scheinbar. Furchtsam den Kopf und Leib zurückgewendet schleicht
sich durch die halb offene Thüre der Ziegenhirt Melanthios hinweg,
um den Freiern die geraubten Waffen zurückzubringen und diesen
Rettungsversuch durch ein besonders schmachvolles Ende zu büssen.

Das ganze Bild gewinnt nicht blos als das erste dieses Gegen-
standes in griechischer Plastik, sondern durch ein bedeutsames Zu-
sammentreffen mit einem kürzlich aufgetauchten anderen ein besonderes kunstgeschichtliches Interesse. Eine in Corneto gefundene
kleine Vase, die seither in das Berliner Museum übergegangen und

nach Stil und Schrift in der Mitte oder in der zweiten Hälfte des
fünften Jahrhunderts v. Chr. verfertigt ist, stellt auf ihren beiden Seiten
die nemliche Situation verkürzt und zusammengezogen dar. Wie
die beistehende Verkleinerung der beiden nur durch den Zufall der
Gefässform ihrer inneren Einheit entrissenen Bilder erkennen lässt,
ist das ausgebreitete Gelage durch ein einziges Bett, die Schaar
der Freier nur durch drei Personen repräsentirt. Um so überraschender ist es, dass trotz dieser Vereinfachung eine selbst auf
Einzelheiten sich erstreckende Uebereinstimmung des Vorwurfes
hervortritt, welche aus der gemeinsamen dichterischen Grundlage
nicht ausschliesslich erklärbar ist: man erkennt den im Nacken

Getroffenen und mit beiden Händen nach der Wunde Greifenden,
hier in Rückansicht, wieder, desgleichen das Motiv des vorgehal-
tenen Tisches, des vorgestreckten Gewandes; Odysseus, wenn auch
in abweichender Erscheinung, hat denselben Posten zur Linken in
derselben Wendung nach rechts erhalten. Unverloren behauptet
sich das allgemeine Schema dieser Anordnung sogar noch in einigen
späten Reliefs etruskischer Aschenkisten, welche vor dem Bekannt-
werden jenes Vasengemäldes die nicht eben erfreulichen einzigen
Ueberreste der bildlichen Ueberlieferung waren. Ihr ansehnlichstes
Exemplar, das der folgende Zinkstock aus Brunn's Publication
wiederholt, hat in der Wiedergabe der Freier auch verschiedene
Einzelzüge bewahrt, welche als wie immer gebrochene Nachklänge
eines fern zurückliegenden berühmten Originales erst jetzt ganz
verständlich werden. Der Umstand, dass unter den zurückweisen-
den Elementen ein Gemälde und zwar als zeitlich ältester Zeuge
auftritt, und dass in unserer plastischen Darstellung ausserlich die
Reihe der Betten und fühlbar die ganze sinnschwere Einfalt der
Composition sich mit dem Stil der alterthümlichen Malerei be-

rührt, würde dann der naheliegenden Vermuthung günstig sein, dass
der von Polygnot im Pronaos des Tempels der Athena Areia in
Plataiai gemalte Freiermord, über den allerdings sonst nichts be-

kannt ist, die bindende Grundidee und aus einer sicherlich reichen
Fülle von Gestaltungen Anlass zu immer neuen Einzelverwerthungen
dargeboten habe.

Ist eine natürliche Erwartung berechtigt, so wird man in der
kürzeren linken Hälfte des Streifens Penelope mit ihren Diene-
rinnen erblicken dürfen. Ganz im antiken Sinne, meine ich, verlangt
man den vorgeführten Kampf gewissermassen durch den Anblick des
Kampfpreises ergänzt und begreiflich gemacht zu sehen. Das Frauen-
gemach würde nicht blos durch den räumlichen Gegensatz des
Ortes und die Anwesenheit der Frauen an sich, sondern durch das
linkerhand aufgestellte Geräth, das seiner Breite nach sicher kein
Stuhl, auch natürlich kein Tisch, sondern die Schmalseite eines Bettes
ist, einigermassen angedeutet sein, und die am rechten Ende unverkennbar wiederkehrende Figur des Odysseus welche ihrer künstlerischen Verwendung nach überleitet und die innere Beziehung
der geschiedenen Hälften geradezu verdeutlicht, kann in jener
Erwartung weiter bestärken. Einen bestimmten Moment der epi-
schen Erzählung wüsste ich allerdings der Scene nicht anzupassen.
Allein abgesehen von ihrer Fortbildung im attischen Drama die eine

Veränderung auch der bildlichen Fassung nach sich ziehen konnte,
steht ja der griechischen Kunst, auch da wo sie sich ganz von
Homer inspirirt, der Geist des Stoffes unendlich höher als der Buch-
stabe der Ueberlieferung, da es ihr stets darauf ankommt, den Dichter
nicht in ihre Sprache zu übersetzen sondern in ihrer Sprache mit
ihm zu wetteifern. Klar springt auch der Grund für eine abwei-
chende Behandlung hervor. Einen der schönsten Züge in der Oeko-
nomie des dichterischen Bildes der Penelope — dass sie s c h l ä f t,
während das grauenhafte Geschick der Freier sich vollzieht, und
somit unberührt von dieser Härte die mit allem Bösen der Vergangenheit wie ein Traum von ihr genommen wird, in den hellen
reinen Tag ihres wiedergeschenkten Glückes erwacht — konnte
der bildende Künstler sinnfällig nicht zu gleicher Geltung erheben.
Ihm war es versagt den Schlaf zu motiviren, wie die fortlaufende
Erzählung es vermochte, das Bild einer Ruhenden würde missver-
ständliche Auffassungen zugelassen und kaum mehr als Entwickelung blosser Anmuth erlaubt haben. Activ den ausstrahlenden Adel
ihrer ganzen Erscheinung musste er für jenen Zug einsetzen, wenn
er einen gleichen Eindruck auf Gemüth und Phantasie erreichen
wollte, und so hat er sie denn still und hoheitsvoll wie eine Gottheit im Kreise der Ihrigen waltend hingestellt, von höherem und
völligerem Wuchse, den Athena ihr verliehen (18. 195), ganz wie
Homer sie malt wenn er sie den Freiern gegenüberstellt, die er
dann von dem wundervollen Anblick im Herzen erbeben lässt·

> hingesenkt vor die Wangen des Haupts hellschimmernde Schleier
> und an den Seiten ihr stand in Sittsamkeit eine der Jungfraun,

eine Stelle die durch öftere Wiederholung gehoben (1, 331; 18, 210;
21, 65) den fruchtbarsten Triebkeim für eine künstlerische Con-
ception enthielt. Unmittelbar verknüpft mit dem Schicksal der
Freier ist die Strafe der bösen Mägde und etwas wie eine Schei-
dung von guter und schlechter Gesinnung scheint sich vor den
Augen der Gebieterin in der That zu vollziehen. Neben Penelope
steht eine ältere Dienerin, etwa die Schaffnerin, die ihr ein Mädchen, welches zum Zeichen von Ergebenheit die Arme über der
Brust kreuzt, mit einem gewissen Ausdruck von Befriedigung vor-
stellt. Abwärts gewandt von dieser wie eine Verurtheilte steht eine
andere, betrübt die eine Hand gegen den leise geneigten Kopf
führend, eine Figur die durch stricte Aehnlichkeit mit einer der
beiden bösen Mägde auf dem vorerwähnten Vasenbilde die ver-

suchte Deutung bestätigen kann. Hohnlachend entfernt sich eine ältere zweite, durch gemeine Gesichtszüge charakterisirte, welche an die freche Melantho gemahnt, und wie ein unbemerkter Beobachter nimmt sich Odysseus aus, der mit dem gezückten Schwert und einer brennenden Fackel hinwegeilt, um den vom Mord befleckten Männersaal zu reinigen (18, 481).

Westwand.

In ununterbrochen langer Reihe enthalten die beiden Friese der Westwand auf und ab wogende Kampfdarstellungen, ohne dem verfolgenden Auge äussere Abschnitte und merkliche Ruhepunkte darzubieten; doch macht sich bei näherer Prüfung eine innere Gliederung der Composition in drei inhaltlich gesonderte Theile sofort geltend. Das nördliche Drittel zeigt eine Schlacht zwischen Griechen und berittenen Amazonen; in die Mitte ist das Bild einer belagerten Stadt gestellt und das südliche Drittel entfaltet in etwas längerer Ausdehnung eine Griechenschlacht, die an der linken Wandecke durch die hochgeschnäbelten Schiffshintertheile einer gelandeten Flotte begrenzt ist. Wie die parallelen Linien eines Fascenbündels durch Umschnürungen zusammengehalten werden, haben die beiden langen Friesstreifen an zwei Stellen, im Anfange links und in der Mitte gewissermassen eine verticale Querverbindung erhalten. Während in den Schlachtscenen zu beiden Seiten der Stadt die oberen Kampfreihen durch die horizontale Zwischenfuge von den unteren getrennt erscheinen und bei gleicher Höhe der Figuren in sich abgeschlossen verlaufen, so dass man aus dem blossen Uebereinander der Darstellung nur durch Reflexion die Vorstellung eines in perspectivischer Tiefe gedachten Kampfplanes gewinnt, reichen die Schiffsschnäbel in der Ecke linkerhand in schönen grossen Curven aus den untern Steinlagen in die obern bis hart unter die Deckplatten herauf; desgleichen sind in der belagerten Stadt die Mauern und Thürme mit ihren Bekrönungen über die horizontale Zwischenfuge hinweggeführt und die Handlung der unten angebrachten Angreifer und der oben befindlichen Vertheidiger dergestalt in Beziehung zu einander gesetzt, dass ein einheitliches Höhenbild resultirt, in dem es auch an merkwürdig detaillirten Andeutungen von Perspective nicht fehlt.

In den Hauptzügen der ganzen Anordnung scheint sich eine bestimmte künstlerische Intention aussprechen zu wollen. Eine Flotte die ein Griechenheer gelandet hat, die Schlacht die sich von

ihr bis zu den Mauern einer Stadt entspinnt, ein betagter Herrscher
der über ihren Zinnen thront und eine schöne Frau die an höchster
Stelle eigenthümlich hervorgehoben über die Reihen der Vertheidiger
hinwegblickt, erwecken zumal wenn man von den Scenen der
Odyssee herkommt, die Vorstellung, dass der trojanische Sagenkreis
zu Grunde liege, wie denn der Geist, der in dem Ganzen durch-
herrscht, unleugbar in die Stimmung einer bildlichen Ilias versetzt.
Die anschliessende Amazonenschlacht würde im Gedanken an die
Aithiopis mit der Ankunft der Amazonen vor Ilion und dem Kampfe
der Penthesileia mit Achill sich sachlich wohl in Einklang damit
bringen lassen und manche Einzelheiten können sogar schlagende
Bestätigungen zu bieten scheinen. Anderes beirrt indessen wieder
und widerspricht theilweise so bestimmt, vor Allem wäre im Einzelnen wie im Ganzen ein so wunderbares Herausfallen aus aller
Tradition und Typik der künstlerischen Stoffgestaltung zu constatiren,
dass jedesfalls von einer einleuchtenden Sicherheit jener Auffassung
nicht wohl die Rede sein kann. Immerhin mag sie, nachdem sie
wiederholt von uns erwogen wurde, wie sie denn auch hier in Wien
bei einer ersten Betrachtung Sachkundigen ohne Weiteres allein zu-
treffend erschien, weiterer Prüfung empfohlen und vorbehalten
bleiben, während ich an dieser Stelle mich zunächst auf eine
Schilderung des Thatsächlichen zu beschränken habe.

Durch Neuheit und einen grossen Reichthum an lebendigen
Einzelzügen überrascht hauptsächlich das Bild der belagerten
Stadt (Tafel VII VIII unten). Bezeichnet ist sie durch zwei mit
tiefen Schatten in die Augen fallende spitzbogige Thore, durch fünf
in gleichen Intervallen von einander abstehende viereckige Thürme
und durch die Zinnen, welche über den Thürmen und zwischen ihnen
als Bekrönungen der Stadtmauer durch die ganze Darstellung hinlaufen.
Ihre Tiefenerstreckung deutet am linken Ende ein rückwärts noch
zum Vorschein kommender Thurm und rechterhand das Schluss-
profil der Stadtmauer an, welche hier eine steile Anhöhe hinaufläuft.
Häuser und Gebäude im Innern der Mauern fehlen. Wie die Orts-
gottheit den Ort repräsentirt, steht statt ihrer eine zwischen dem
ersten und zweiten Thurme von links mit einem grossen Firstakroterion sich erhebende Giebelfront eines Tempels, von dem man bei
schärferem Zusehen in Verkürzung auch noch die eine Dachseite
mit einer an ihrem unteren Rande hinlaufenden Reihe von Stirn-
ziegeln wahrnimmt. Klar geordnete Schaaren von Vertheidigern

und Angreifern und zwei thronende Herrschergestalten auf dem Centralblock der obern Reihe, der sich auch durch eine gedrängtere Fülle von Figuren und ein besonders tiefes Relief als das bedeutendste Stück heraushebt, vollenden das Bild der Stadt.

Angesichts der Herrschergestalten kann man schwanken ob Menschen oder Götter gemeint sind. Beide sind gleichmässig in Dreiviertelwendung nach rechts, wo eine dienende Figur neben ihnen steht, aber ohne Beziehung zu einander und keinesfalls als ein zusammengehöriges Paar dargestellt, da die weibliche Figur höher als der Mann und in einiger Entfernung von ihm thront. Genau über dem ersten Thore linkerhand sitzt auf einem gedrechselten Sessel der Mann, der mit der Rechten das Scepter aufstützt und in seinem vollen Barte, den durchfurchten Gesichtszügen und der lässigen Haltung seiner Gestalt sich wie ein greiser König ausnimmt. Ueber seine Beine ist ein Gewand gebreitet, während Brust und Arme nackt sind, die Füsse hat er auf einen Schemel gestellt, die linke Hand ist vorgestreckt, unklar in welcher Absicht, da die betreffenden Partien sehr gelitten haben. Rechts neben ihm ist nur im Obertheil ein Knabe mit phrygischer Mütze sichtbar, der den rechten Arm erhebt, die linke Hand in die Gegend der rechten Brust führt, als ob er ein grosses Trinkhorn oder dergleichen gehalten hätte. Unter dem Sessel liegt ein wenn die Erhaltung nicht täuscht dem Katzengeschlechte angehöriges grosses Thier, links daneben sitzt mit verschränkten Armen und eingezogenen Füssen ein nackter Jüngling auf dem Boden, etwa ein Gefangener *). Durch höheres und zugleich prächtigeres Thronen ist die weibliche Figur ausgezeichnet, die dadurch das Aussehen einer Göttin gewinnt. Sie sitzt in einem grossen viereckigen Lehnstuhl, dessen Seitenarme eine Sphinx stützt und vor dem schräg eine breite Fussbank gestellt ist, deren Seitenwände Thierfüsse zieren. Ihr rechter Arm ruht graziös auf der Armlehne, ihr linker im Schoosse; sie ist mit einem doppelten Gewande bekleidet und trägt einen Polos auf dem Kopf. Ueber ihr ist ein Sonnenschirm ausgespannt, den wohl die rechts neben ihr stehende Dienerin hält, von der nur Kopf und Brust zu sehen ist.

Mit erstaunlich wenig Figuren ist der Kampf selbst in seinen charakteristischen Hauptmomenten anschaulich gemacht. Vom linken

---

*) Die Haltung erinnert an eine bekannte Statue der Villa Ludovisi, Schreiber, die antiken Bildwerke der Villa Ludovisi n. 118.

Ende an bis in die Mitte des Bildes herein ragen über den Mauer-
zinnen die Obertheile von Vertheidigern hervor, welche in höchster
Anstrengung Lanzen und Steine oder mit beiden erhobenen Händen
grosse Blöcke niederschleudern; sie tragen Helme Sturmhauben
oder phrygische Mützen*) und führen beinahe durchgehends grosse
runde Schilde am Arme. Ihnen entsprechen unten zwei Gruppen
von Anstürmenden, welche aufblickend und mit hoch erhobenen
Schilden sich deckend, dicht zusammengedrängt eine Anhöhe, oder
wie man nach der Terrainzeichnung glauben möchte, den Festungs-
wall übersteigen. Beide Gruppen bestehen nur aus drei Figuren,
entwickeln aber durch folgerichtig individuelle Anlage, feine Nuan-
cirung und formell durch eine sehr glückliche Vertheilung von
Licht und Schatten ungemeines Leben. Unterschieden sind sie nicht
blos durch die Tracht — die einen haben spitze Helme und leichte
Röcke mit umgegürteten kurzen Schwertern, während die anderen bis
auf Schild Schwert und eine Binde um den Leib entblöst zu sein
scheinen — sondern durch eine feine Abstufung der Situation.
Während die Kämpfer zur Linken es mit einer dichten Reihe ent-
schlossener Gegner zu thun haben, unter deren Steinregen sie zur
Entwickelung von Widerstand sich enger an einanderschliessen und
zusammenbücken, sind die anderen zur Rechten nur von zwei Vertheidigern bedroht und stürmen daher aufrechtor, loser geordnet und
mit grösserer Energie an. Wie alternirende Reimpaare einer vier-
zeiligen Strophe sind diese beiden nach links componirten Gruppen
geschieden und umgeben durch zwei weitere nach rechts componirte
welche gleichfalls unter sich conform und bedeutend variirt sind.
Angreifende suchen in die Stadt einzubrechen; sie sind bis zur Mauer
herangekommen, schleichen sich leise, mit einknickenden Knieen,
ihr entlang um von oben nicht bemerkt zu werden, auf das Thor
zu, in das die Vordern mit ausdrucksvoll gekrümmten Rücken
eindringen. Mit gesteigertem Nachdruck geschieht dies in der rechten
Gruppe, die auch eine Figur mehr zählt. Hier ist der Vorstoss
geglückt und ein entscheidender Wendepunkt des Kampfes ange-
bahnt. Wie man im Zusammenhang mit der oberen Composition

---

*) Richtiger wohl Lederhelme in Form von phrygischen Mützen, wie Stud-
niczka bemerkt mit Hinweis auf Xenoph. Anab, V, 13, wo es von den Mossynoiken
heisst: χιτωνίσκους δὲ ἐνεδύκεσαν ὑπὲρ γονάτων, πάχος ὡς λινοῦ στρωματο-
δέσμου, ἐπὶ τῇ κεφαλῇ δὲ κράνη σκύτινα, οἱάπερ τὰ Παφλαγονικά, κρωβύλον
ἔχοντα κατὰ μέσον, ἐγγύτατα τιαροειδῆ κτλ.

aus dem System antiker Festungsbauten auf den ersten Blick versteht, ist eine Vorhut bereits in den Festungshof hineingelangt welcher hinter dem Stadtthore liegt; auf seinen im rechten Winkel ansetzenden parallelen Seitenmauern schaaren sich rechter und linkerhand, perspectivisch zusammenstossend, zwei Phalangen dicht gereihter Hopliten, welche nach der Mitte zu niedergebückt ein Kreuzfeuer von Geschossen auf die Eindringlinge eröffnen. Die Lage ist ernst, Gefahr im Verzuge. Im Hintergrunde überragt die Reihen der Vertheidiger ein Anführer der mit erhobenem Arme Hilfe heischt; ein zweiter am vorderen Ende der linken Phalanx wendet sich mit gleicher Geberde nach rückwärts, und auf seinen Mahnruf rücken nun von links die Reserven auf den bedrohten Punkt heran, zunächst drei Hopliten mit Sichelschwertern, dann zwei Paare von Lanzenträgern, welche vom Könige her an der Stadtgöttin vorübereilen.

Die entstandene Bedrängniss schildert in anderem Sinne eine stille abgeschiedene Gruppe links vom Könige. In die Nähe des Tempels, in den Frieden des Heiligthums hat sich in voller Schlachtrüstung ein durch den Flügelschmuck seines Helmes als Anführer charakterisirter Krieger begeben, um zur Gottheit zu beten. Dem Kampfgetümmel abgewandt, in feierlich aufrechter Haltung steht er da, beide Arme hoch erhebend, an dem einen den grossen runden Schild, der wie im Affect der inneren Vertiefung mitfortgerissen die Geberde um so ausdruckvoller macht, die Hand nach aussen geöffnet, um die Abwehr von Schmach und Niederlage zu erflehen. Ihm zur Seite kniet ein Kampfgenosse mit dem Opfer beschäftigt; zusammengedrückt zwischen Knieen und Schenkeln hält er einen Widder, dessen Kopf er mit der Linken in die Höhe gezogen hat, während er mit erhobener Rechten das Schwert schwingt um ihn zu tödten. Opfer und Gebet also in der drängenden Noth der Schlacht.

Am äussersten rechten Ende der Mauer, ausserhalb der Stadt und ohne ein trennendes Glied von dem Amazonenkampfe abgeschieden, finden sich schliesslich einige Figuren, welche nothwendig zu dem Bilde der Belagerung gehören. Auf dem oberen Blocke sieht man nach rechts bergaustehend einen Esel der zwei quer auf seinem Rücken liegende leere Gefässe oder Bündel trägt, hinter ihm sodann in gleicher Richtung den Treiber, einen bärtigen Alten mit gekrümmtem Rücken, spitzem Barte und einer hohen Mütze, und von den Knieen an sichtbar eine en face gezeichnete deutlich bergauf steigende weibliche Gestalt welche auf dem Kopfe einen breiten cylindrischen Korb hält, den sie mit beiden Händen unterstützt. Also das Volk flüchtet aus der verlorenen Heimath, und mit ihm das fürstliche Geschlecht, wie unverkennbar gegensätzlich die vornehme Auszugsscene des unteren Blockes hervorhebt. Auf einem ruhig nach rechts schreitenden Maulthiere sitzt nicht rittlings sondern quer in einem Reitsessel, die Figur dem Beschauer zugewandt, die Füsse auf einen breiten bretartigen Bügel gestellt und nach rückwärts umblickend eine bekleidete weibliche Gestalt, die mit beiden Händen ein über ihrem Kopfe im Bogen flatterndes Gewand hält; geleitend folgt ihr von links ein anscheinend jugendlicher Krieger mit Chiton Lanze und Helm; ihre anmuthige Haltung erinnert an die thronende Gestalt auf der Höhe der Stadt. Diese Scenen haben typischen Werth: auch die Iliupersis des Polygnot endete mit einem Auszuge, in dem ein Esel*), mit Gepäck beladen, eine Rolle spielt, charakteristisch dort wie hier für das Ende wie das abziehende Schiff des Menelaos und die gelandete Griechenflotte für den Anfang.

Aeusserst bemerkenswerth, wenn nicht geradezu bisher beispiellos in griechischer Plastik, ist die perspektivische Anlage des geschilderten Bildes. Sie erstreckt sich nicht etwa wie sonst auf ein gelegentliches Durchbrechen und Beleben des strengen Reliefstiles, sondern eine Menge perspectivischer Einzelheiten stehen unter sich in verhältnissmässig so genauer Uebereinstimmung, dass sie sich zu einer freilich immer idealen Totalconstruction zusammenfügen. Der Sehepunkt ist gegen das rechte Ende hin zu denken, wo man in die sich entwickelnde Tiefe der beiden Phalangen hineinblickt. Von hier aus präsentirt sich gleichmässig nicht blos das Bild des Königs mit dem neben ihm am Boden sitzenden Gefangenen, wie der thronenden Frau und der von ihnen heranrückenden Kriegerreihen, sondern die divergirenden Gruppen der Angreifer gewinnen an Leben und die Zeichnung der gesammten Oertlichkeit löst sich im Grossen

---

*) Paus. X 27, 4 κιβωτὸν δὲ ἐπὶ ὄνον καὶ ἄλλα τῶν σκευῶν εἰσιν ἀνατιθέντες οἰκέται· κάθηται δὲ ἐπὶ ὄνου παιδίον μικρόν, worauf Böttiger Archäologie der Malerei S. 329 mit Recht, wie ich glaube, das Sprichwort Πολυγνώτου ὄνος bezog. Hesych. Πολυγνώτου τοῦ Ζωγράφου ὄνος ἐστὶ γεγραμμένος, ἐναντίως ἐπεστραμμένος, κομίζων σκευοφόρον καὶ τὴν μυρσίνην ** λαγωόν, καὶ ἀνάκειται ἐν τῷ Ἀνακείῳ. Da in dieser Stelle eine Lücke constatirt ist, so hat die Anführung des Aufstellungsortes im Anakeion zu Athen nur Geltung für den Hasen, nicht für den Esel, der auch in einer Darstellung des Leukippidenraubes schwer zu vergegenwärtigen wäre.

und Ganzen in eine einheitliche Ansicht auf. So der Tempel mit
seiner nach rechts verlaufenden Dachseite, der am linken Stadtende
oben zum Vorschein kommende Thurm der nach rechts rückwärts
einbiegend gedachten Mauer, der am entgegengesetzten Ende die
Berglehne hinauflaufende Mauerabschluss, die beiden Thore sowohl
nach dem Einblick in ihren Durchgang wie nach ihrer Lage dicht
bei den Thürmen, deren linke Kanten sie beinahe überschneiden, und
sogar die Zeichnung der Thorzinnen, von denen immer die dritte
von links gezählt rechtshin Seitenansicht besitzt. Wesentlich die
Opfer- und Gebetscene ist nicht mit einbezogen, die sich daher auch
in diesem Sinne bedeutungsvoll isolirt.

Das bergige Terrain und die Spitzbogen der Thore lassen auf
eine lykische Stadt schliessen; die Sichelschwerter und den Flügelschmuck der Helme, den mehrere Figuren der belagerten Partei
zeigen, hebt Herodot als Kennzeichen der lykischen Waffentracht
hervor*).

Unvermittelt und ohne trennenden Raum setzt sich rechts an
die ausziehenden Figuren sowohl in der oberen wie in der unteren
Reihe die Amazonomachie an. Sie besteht oben wie unten aus
je sechs ungefähr gleich langen Blöcken und zeigt in der Mitte
einen Verticalstreifen mit den Dübellöchern, der wie bereits hervorgehoben (vgl. S. 37) einst für den späteren Einbau einer recht-
winklig anstossenden Mauer hergestellt würde, und die Reliefs
rücksichtslos durchschnitt, so dass hier mindestens zwei Figuren
fehlen. Der Kampf ist ohne bestimmt vorherrschende Richtung,
seine Bewegung ziemlich gleichmässig gehalten, eine Mitte nur in
der obern Reihe einigermassen betont, so dass das Ganze den
Eindruck eines Ausschnittes aus einer bunt entwickelten Schlacht
gewährt. Mit wenigen Ausnahmen sind die Amazonen beritten,
während die Griechen zu Fuss gegen sie vordringen, und die Vertheilung der Pferde gliedert die Composition. Unmöglich zufällig
kommt in die untere Reihe auf jeden Block, bald in der Mitte
bald mehr nach links oder rechts angebracht, ein Pferd, während
in der obern der letzte Block rechterhand, dessen Reliefs nur

---

*) Herod. VII 92: Λύκιοι .... θωρηκοφόροι τε ἐόντες καὶ κνημιδοφόροι
εἶχον δὲ τόξα κρανέϊνα καὶ ὀϊστοὺς καλαμίνους ἀπτέρους καὶ ἀκόντια, ἐπὶ δὲ
αἰγὸς δέρματα περὶ τοὺς ὤμους αἰωρεόμενα, περὶ δὲ τῇσι κεφαλῇσι πί-
λους πτεροῖσι περιεστεφανωμένους· ἐγχειρίδια δὲ καὶ δρέπανα
εἶχον.

abbozzirt gewesen zu sein scheinen, ohne Pferd ist, wogegen der dritte und vierte in der Mitte zwei nach links hintereinander galoppirende Reiterpaare zeigt. Die Amazonen tragen durchgängig phrygische Mützen und kleine flatternde Mäntel, die reitenden ausserdem ein tricotartig den Körperformen angeschmiegtes Unterkleid, das man freilich an den meisten Stellen mehr vorauszusetzen genöthigt ist als bestimmt wahrnimmt, während die zu Fuss kämpfenden statt dessen unter der Chlamys einen kurzen Chiton anhaben. Am linken Arm führen sie den kleinen ausgebogten Schild, mit der Rechten schwingen sie eine lange Lanze, einmal scheint auch eine Streitaxt oder ein Schwert vorzukommen. Mannigfaltiger ist die Tracht der Griechen, an denen man abwechselnd korinthische, attische und sturmhaubenartige Helme, bald einen blossen Chiton, bald einen Chiton mit Chlamys und Panzer, und neben den durchgängig benutzten Rundschilden als Angriffswaffen Schwert oder Lanze bemerkt. An einigen Stellen ist der Schauplatz des Kampfes durch Erhöhungen des Bodens oder einen kleinen Berg charakterisirt, den der Grieche ersteigt, die Amazone hinangaloppirt. Linkshin gegen das Ende liegt in dem obern wie in dem untern Streifen ein Todter ausgestreckt auf der Erde, das einemal in besonders schöner Haltung, welche im Gegensinne dem todten Lapithen der achtundzwanzigsten Metope auf der Südseite des Parthenon genau entspricht. Mit wenigen Ausnahmen löst sich die Schlacht in Einzelkämpfe von je zwei Figuren auf. Meist anstürmend von vorn, in einigen Fällen verfolgend von rückwärts greift ein Grieche die Reiterin an, und diese Gruppen gleichen weniger im Detail, so viel ich bis jetzt übersehe, als durch Geist und Stil ihrer Anlage jenen schönen altattischen Vasengemälden, in denen Klügmann mit so augenscheinlichem Rechte Beziehungen zu der berühmten Amazonomachie des Mikon in der Stoa Poikile zu Athen vorausgesetzt hat. Daneben fallen andere individuellere Motive auf, so wenn eine Amazone tödtlich verwundet von ihrem aufbäumenden Pferde herabsinkt oder einer andern das Pferd getroffen unter dem Leibe zusammenbricht und sie auf das Hintertheil des Thieres zurückgeworfen, mit emporgezogenen Unterschenkeln sich zum Abspringen anschickt. Besonders schön ist auf dem von links gezählten vierten Blocke der obern Reihe, der sich überhaupt nicht blos durch bessere Erhaltung sondern wie es scheint durch ursprünglich feinere Modellirung des Reliefs auszeichnet, eine Amazone, die eine verwundete und mit der Lanze sich aufstützende Genossin aus der Schlacht hinweggeleitet. Das rückwärts von dieser Gruppe nach links hinwegeilende Reiterpaar jenes Blockes ist ganz im Stile des Parthenonfrieses gehalten, wie denn überhaupt die Bildung der Pferde durchgängig der Kunstübung jener Zeit entspricht. Der attischen Sage, nicht der Aithiopis, gilt auch der Gegenstand an sich, obwohl es ursprünglich nicht beab- sichtigt scheint oder jetzt nicht mehr gelingen will an irgend einem Kennzeichen den Haupthelden Theseus herauszuheben.

Als ein dem ganzen Geiste seiner Anlage nach durchaus entsprechendes Seitenstück steht links von der belagerten Stadt die grosse Griechenschlacht. Oben auf sieben, unten auf acht theilweise sehr langen Blöcken reicht sie bis in die Ecke, wo über einer leisen unregelmässigen Bodenanschwellung, die das her- anfluthende Meer versinnlicht, vier an die alten Münzen von Pha- selis erinnernde gondelartig stark gebogene Schiffshintertheile mit vier langen Rudern nebeneinander emporstehen. In dem letzten Schiffe links sitzt ein Schiffer mit spitzer Mütze, den rechten Ellen- bogen auf die linke Hand und die rechte Hand gegen das Gesicht stemmend, landeinwärts blickend als Wächter der Flotte. Dicht am Ufer beginnt der Kampf, oben mit einem Salpinxbläser, wie er auf älteren Vasenbildern des Oefteren eine Schlachtreihe eröffnet, unten mit einem noch ausgesprocheneren Anfangsmotiv, das einer bestimmten mythologischen oder historischen Situation ähnlich sieht: ein kahlköpfiger Alter duckt sich furchtsam zusammen hinter dem Rücken eines in Angriffsstellung vorschreitenden jugendlichen Kriegers, den er mit dem an seiner Hüfte liegenden Arme zugleich zurück- halten zu wollen scheint; umblickend schliesst sich ein nach rechts in lebhafterer Bewegung voreilender älterer Krieger an und diesem vorauf ist ein dritter schon in vollem Sturmlauf begriffen, ein über- aus glücklich sich steigerndes Präludium, welches unmittelbar in den Kampf führt. Auch am rechten Ende, wo ein grosser kahler Baum, der die Stadtbelagerung abtrennt und vielleicht an sich nicht ohne Bedeutung ist, durch beide Steinlagen hinaufreicht, wäh- rend die sonstigen Bäume des Schlachtfeldes immer nur eine Stoss- fuge verdecken, fehlt es an ähnlichen Einleitungen nicht: oben stehen sich, sichtlich abgeschieden und in ruhigerem Schema, zwei Hopliten gegenüber, deren vorzügliche Erhaltung einen Massstab abgibt für die stilistische Beurtheilung der ganzen Arbeit; unten kniet neben dem Baume als letzte Figur ein schiessender Bogenschütze, von dem aus drei schwerbewaffnete Krieger in der gleichen, wirksamen Steigerung von Lauf und Angriffsbewegung nach links begriffen sind. Im Gegensatze zu den beiden Enden hebt sich auf dem mittelsten Blocke der obern Reihe als Hauptglied eine breitere Centralgruppe heraus. Während im Uebrigen nur Einzelkämpfe, hin und wieder durch die Figur eines Zueilenden oder Fliehenden oder durch die Figur eines niedergesunkenen Todten erweitert, zusammengereiht erscheinen, rücken hier zwei geschlossen vordringende Kämpferpaare gegeneinander los, welche auch durch eine grössere Energie der Ausfallslage und durch den Umstand, dass ein Zwischenraum sie sondert, entscheidend in die Augen fallen. Ein von links herzukommendes Viergespann mit einem wie es scheint verwundeten Helden, als der einzige Streitwagen der ganzen Schlacht, rechts ein Tropaion vor dem ein Gefangener getödtet wird, verstärken dieses Centrum, um das sich dann beiderseits eine wogende Fülle ausbreitet, in der sich das Auge verliert, um in immer neuen prägnant und folgerecht erzählten Situationen eine Fruchtbarkeit der Phantasie zu bewundern, die in der That einem Schlachtgesange der Ilias verwandt ist.

Nordwand

Die Darstellungen der Nordwand, welche durch mehrere in der Mitte und zwei in der rechten Ecke fehlende Blöcke lückenhaft waren, bestehen aus zwei gegenständlich geschiedenen ungefähr gleich grossen Theilen, die also den beiden Hälften der Südseite entsprechen, welche das Eingangsthor scheidet. Auf der rechten östlichen Seite war oben eine Jagd, unten eine Kentauromachie angebracht; die beiden Friese der linken westlichen Seite sind in ein grosses Gemälde zusammengezogen, das sich als das ausführlichste und kunstgeschichtlich wichtigste Bildwerk der Leukippidensage bezeichnen lässt.

Die Reliefs der rechten Seite bieten ein geringeres Interesse, haben auch stark gelitten. In guten scharfgezeichneten und wie immer ungemein ausdrucksvollen Silhouetten erscheinen sie wie rasch und weitläufig hingeschrieben um den leeren Raum zu füllen. Zwei Löwen, zwei Eber, zwei Reiter, ein Bogenschütze und drei mit der Lanze oder dem Schwert angreifende Jäger bilden das ganze Requisit der langgedehnten Jagd. Auf acht Blöcken, welche der Bau von dem untern Friese bewahrt hatte, compariren nicht mehr als acht Einzelkämpfe der Kentauromachie, welche nicht durchschnitten wie sonst, sondern eingerahmt sind von den Stossfugen. so dass auf jedem Block gleichmässig ein Kentaur und ein Lapithe zu sehen ist. Die Kampfschemata wechseln durchaus und die weitausholenden Bewegungen der Lapithen, die flott geschwungenen Pferdeschwänze der Kentauren bringen Leben in die Zeichnung; mit ihren langen lichten Stellen lässt sie aber doch ein Gefühl der Leere zurück, als ob der Besteller gedrängt oder die Arbeitslust der ausführenden Künstler versagt hätte.

Um so prächtiger entfaltet sich noch einmal die ganze Freude an bildlicher Erzählung in den Reliefs der linken Seite, deren Erhaltung zwar merklich nach der Mitte der Wand zu abnimmt, aber noch überall einen vollen Einblick in den poetischen Reichthum ihrer Idee und genügende Schlüsse auf die Art und Weise ihrer Durchführung gestattet. Die Darstellung gruppirt sich um eine grosse Architektur in ihrer Mitte, welche der Breitenausdehnung nach etwa ein Sechstel ihrer Länge und in der Höhe beide Steinlagen einnimmt. Es ist ein schräg in Perspective gestellter stattlicher Antentempel, von dem man die mit einem hohen Firstakroterion bekrönte Giebelfront und die zwischen den Anten stehenden beiden Säulen, welche ohne Basis und Capitell sind, rechterhand, die lange Flucht der Cellawand und der Dachseite linkerhand sieht; Einzelgliederungen fehlen dem Gebälk wie dem Dache und könnten durch Malerei verdeutlicht gewesen sein. Das Dach des Tempels überschneidet vier Figuren der obern Reihe, so dass diese als im Hintergrund befindlich nur von den Knieen oder der Brust an zum Vorschein kommen.

Ein Heiligthum ist also Schauplatz der Begebenheit, welche die zwei zu beiden Seiten desselben hinlaufenden Friesstreifen schildern, und zwar hat sie sich an einem Opferfeste ereignet, wie der obere Friesstreifen rechterhand näher ausführt. Ein mit ersichtlicher Liebe detaillirtes religiöses Genrebild ist hier vor Augen gestellt. Ein Opferdiener hantiert vor einem langen Tisch, von dem ein grosses Fell oder dergleichen herabhängt und auf welchem vielversprechend zwei colossale bauchige Mischgefässe in eigenen Ständern stehen. Auf einem weitern Tische liegt ein höchst naturgetreu gezeichneter getödteter Widder, mit dem Kopf herabsinkend, die Beine auseinanderfahrend, den Bauch nach oben, welchen zwei Diener mit sorgsamster Angelegentlichkeit ausweiden, wie noch jetzt von Griechen und Orientalen kein Geschäft mit grösserer Andacht verrichtet wird. Mit einem gefüllten Schlauche kommt ein dritter herzu, während ein vierter mit einem Henkeleimer und einer leeren Amphora fortspringt um Wasser zur Stelle zu bringen. Gleichfalls bereits geschlachtet liegt weiterhin ein gewaltiges Rind mit dem Rücken auf dem Boden; ein Mann mit zwei Knaben zerren seine Beine auseinander und halten sie nieder, um dem Schlächter Platz zu schaffen, der hinter ihm stehend und eifrig niedergebückt mit dem Messer den Bauch aufschlitzt oder das Fell abweidet. Für irgend eine nicht mehr erkennbare Verrichtung entfernt sich ein Alter mit gekrümmtem Rücken, der einen Schurz um die Lenden trägt; zwei grosse offenbar metallene Kübel mit dünnen niedrigen Füssen und ein dreibeiniger Klapptisch, auf dem sich ein kleines einhenkliges Gussgefäss und ein breites Convolut befindet, beendigen dann die Scene.

Die zum Opfer gehörige Festgemeinde ist unterhalb desselben vorgeführt. Bestürzt, in Aufregung versetzt, still jammernd oder laut klagend gibt sie zu verstehen, dass ein Unglück über sie hereingebrochen ist. Wie in lebhaftem Gespräch kommen zwei Männer rasch aus den Intercolumnien des Tempels hervor. Rechts daneben an erster Stelle, en face gegen das Heiligthum gewendet, steht im langen Umwurfe eines Himation ein bärtiger Mann, wie es scheint bekränzt, seinem ganzen Behaben nach priesterlich, mit feierlich ausgestreckter Rechten die Gottheit beschwörend. Eine langbekleidete Frau eilt, beide Arme entsetzt ausbreitend, von ihm weg; ihr vorauf ein geängstigtes Kind, dem ein sich niederbückendes Mädchen beide Hände entgegenstreckt. Diese letztere gehört einem Chor von zwölf jugendlichen weiblichen Gestalten an, welche in langwallenden zuweilen noch durch einen Umhang bereicherten Gewändern in der mannigfachsten Haltung sitzend stehend schreitend und mit den mannigfachsten Geberden Verwirrung Schmerz oder Klage äussern. Die letzte rechterhand eilt mit erregter Armhaltung nach aussen in das Freie, einem Jünglinge nach, der mit aufgelöstem Gewande flieht, beide wie von Furcht hinweggetrieben, in ihrer Bewegung das Ende markirend, und nach der Mitte zurückweisend. Nicht blos der Zahl und räumlichen Ausdehnung nach hebt sich der Chor der Mädchen als das bedeutendste Glied der Reihe heraus. Der sinnvolle Wechsel ihrer Gruppirung, die klare Anmuth ihrer Formen und Silhouetten welche zuweilen an den edelsten Terracottenstil erinnert, die feine gedankenreiche Abstufung ihres Ausdrucks von sinnender Betrübniss und declamirender Rede an bis zu leidenschaftlicher Heftigkeit, wie sie sich mit natura-

listischer Unmittelbarkeit in einer auf Felsen sitzenden mittleren
Figur äussert, die mit zurückgeworfenem Oberkörper den Kopf
gen Himmel richtet und mit dem auffahrenden Arme gesticulirt,
während ihre lang und steif ausgestreckten Beine wie in jähem
physischem Schmerz aneinander gepresst scheinen — gewähren einen
Reiz dem man gerade hier bedauert nicht mehr in alle Einzelheiten
der Durchbildung folgen zu können.

Die Begebenheit selbst, die sich so reflectirt, spielt sich in
den beiden Streifen links von dem Tempel ab, und zwar mit
einem Feuer, das zu der harmlosen Vertiefung der Opfernden und
den ohnmächtigen Affecten der Festversammlung im glücklichsten
Gegensatze steht. Hier ist Alles in energischer höchster Eile und in
die Reihen von laufenden springenden ausfallenden und werfenden
Kriegern bringen zwei nach links hinjagende Viergespanne rauschen-
des Leben. Das eine ist oben in die Mitte, das andere unten links
an das Ende gestellt, die Rosse hoch aufgebäumt und nach links
eines hinter dem andern sich vorschiebend, so dass man, da auch
das Wagenrad perspectivisch gezeichnet ist, den Eindruck erhält,
als führen sie auf gebogener Strasse hintereinander nach vorn von
dem Heiligthume hinweg. Beidemale ist der Wagenlenker weit vorgebeugt; mit der einen Hand an den Wagenrand sich anhaltend
steht beidemale neben ihm ein Jüngling mit spitzer Mütze, der ein
sich sträubendes mit Kopf und Armen zurückstrebendes Mädchen
im Arm hält. Die Räuber haben mit ihrer That den ganzen Ort in
Aufruhr versetzt; von allen Seiten stürzen ihnen Bewaffnete nach,
die mit Schwert oder Lanze oder mit einem zum Wurf erhobenen
Stein sie zu erreichen suchen: unter ihnen in jeder Reihe ein jugendlicher Reiter mit Chlamys und Petasos auf galoppirendem Pferde.

Ueber die Deutung des Ganzen kann kein Zweifel sein. Alle
Züge des Bildes erklären sich durch die Leukippidensage, deren
berühmteste Darstellung Polygnot in einem Gemälde des Anakeion
in Athen geschaffen hatte, für die man angesichts der ausgesprochen malerischen Haltung der ganzen Composition hier zuerst unter
allen erhaltenen Monumenten hoffen kann Anhaltspunkte zu finden.
Wie mit ähnlicher Deutlichkeit namentlich das Bild der Meidias-
vase ausführt, rauben die beiden Dioskuren Kastor und Pollux
die schönen Töchter des Leukippos, Hilaïra und Phoibe, aus dem
Heiligthum einer weiblichen Gottheit, in welchem die Schwestern
und Gespielinnen der Geraubten gegenwärtig sind. Wie dort, und
wie überhaupt in den älteren Darstellungen, die ihre Entstehung in

der Glanzzeit der hippischen Agone nicht verleugnen, vollzieht sich die Entführung auch hier zu Wagen. Nach der Sage fand die Entführung an dem Tage statt, als die Leukippiden ihren beiden Verlobten, den Söhnen des Aphareus, Lynkeus und Idas, vermählt werden sollten, und setzten die Aphariden den Räubern nach bis zum Grabe ihres Vaters, wo sich ein Kampf entspann. So erklärt sich denn das Opfer, der Chor der klagenden Mädchen, die priesterliche Gestalt des Betenden als des Vaters Leukippos und zwischen ihm und dem geängsteten Kinde die verzweifelnde Mutter Philodike. Den forteilenden Gespannen jagen aber die Aphariden zu Pferd nach, wie in den schönen Versen des Theokrit (XXII 136 folg.), denen die ganze linke Hälfte der Darstellung wie eine Illustration beigesetzt werden könnte:

Τὼ μὲν ἀναρπάξαντε δύω φερέτην Διὸς υἱὼ
δοιὰς Λευκίπποιο κόρας· δισσὼ δ' ἄρα τώγε
ἐσσυμένως ἐδίωκον ἀδελφεὼ υἷ' Ἀφαρῆος.
γαμβρῷ μελλογάμω, Λυγκεὺς καὶ ὁ κάρτερος Ἴδας.
ἀλλ' ὅτε τύμβον ἵκανον ἀποφθιμένου Ἀφαρῆος,
ἐκ δίφρων ἄρα βάντες ἐπ' ἀλλήλοισιν ὄρουσαν,
ἔγχεσι καὶ κοίλοισι βαρυνόμενοι σακέεσσιν.

Ostwand

Wie bereits hervorgehoben, ist die östliche Mauer des Peribolos bis auf einige Ueberreste ihrer unteren Steinlagen zerstört gewesen. Dass auch sie einst wie die übrigen verziert war, lehrt der oben S. 52 erwähnte Umstand, dass das Gelage der Südwand nach dem Funde eines Endblocks auf die Ostwand übergriff, und der Gewinn von Reliefblöcken die in den Lücken der Süd- und Nordseite nicht unterzubringen waren. Leider ist es an Ort und Stelle schon in Folge mannigfacher räumlicher Behinderung nicht möglich geworden durch Proben über ihre Zusammengehörigkeit eine klare Vorstellung zu gewinnen, und es lässt sich auch nicht hinreichend übersehen, wie weit sich eine solche aus zukünftigen Studien der mitgebrachten Originale ergeben wird. Allem Anscheine nach ist jedoch Material vorhanden um einen immerhin beträchtlichen Theil der fehlenden Friesreihen wiederherzustellen. Sicher zugehörige Blöcke kamen meist im Innern des Hofes aber auch ausserhalb desselben im Osten, leider aber durchgängig in sehr beschädigtem Zustande zum Vorschein. Es würde nutzlos sein dieselben jetzt nach den aufgenommenen Skizzen und Photographien vollständig zu beschreiben. Lediglich das Wichtigste mag hier eine kurze Erwähnung finden, wozu vor Allem Theseusthaten zählen, von denen im Ganzen vier zu constatiren waren.

1. Minotaur. Theseus, nackt, kniet en face mit dem linken Bein auf der Hüfte des nach rechts zu Boden geworfenen und auf dem Boden knieenden Minotauren, mit dem linken Arme wie es scheint seinen Hals umfassend und mit der Rechten gegen ihn ausholend; mit beiden Händen sucht sich der Minotaur von der Umhalsung zu befreien. Nach links flieht umblickend ein nackter Jüngling, der mit beiden Händen ein Gewand hinter sich hält und ihm vorauf mit erschrockener Armhaltung, in gleicher Bewegung der Gestalt, ein Mädchen das mit einem ärmellosen Chiton bekleidet ist.

2. Pityokamptes. Eine schlanke nackte Jünglingsgestalt mit spitzem Pileus schreitet weit vorgebeugt nach rechts aus und drückt mit beiden Händen das obere Ende eines kahlen Baumes zu Boden.

3. Auffindung der Gnorismata. Zwischen zwei an beiden Enden begrenzenden Bäumen links ein nach rechts emporstehender und überhängender Felsen, gegen den Theseus, mit flatternder Chlamys nach links in Rückenansicht ausschreitend, die Arme stemmt um ihn zu heben.

4. Skiron. In der Mitte steht stumpfartig schmal und niedrig ein Felsen, von dem Skiron, an beiden Füssen von dem linksher stehenden Theseus gepackt, und die Arme nach unten ausstreckend, kopfüber herabgeschleudert wird. Theseus trägt einen kurzen Chiton und einen spitzen Pileus. Soviel erkennbar war die Gesichtsbildung des Skiron barbarisch, mit wildem Haupthaar. Mit beiderseits ausgebreiteten Armen springt von rechts eine nackte bärtige Gestalt herzu. Zugehörig waren wohl zwei Blöcke, auf denen eine mit dem Kopfe aufwärts gerichtete grosse Schildkröte, ein Delphin und zwei Fische zu sehen sind; diese Darstellung scheint daher ähnlich gedehnt gewesen zu sein wie die Reliefs auf der östlichen Hälfte der Nordwand.

Auf eine Perseusthat weist das für eine sichere Erklärung allerdings nicht hinreichend erhaltene Relief eines weiteren Blockes hin. Man erkennt eine tumulusartige Erhöhung, deren Spitze bis an den obern Rand des Reliefs reicht, und links hinter ihr zum Vorschein kommend die Spuren eines vierfüssigen Thieres, während von rechts her mit vorgestrecktem rechten Arme ein Jüngling mit flatternder Chlamys weitausschreitend herzukommt, der in der gesenkten Linken einen menschlichen Kopf bei den Haaren hält, wahrscheinlich das Gorgoneion.

Einige vorläufige Bemerkungen allgemeinerer Art mögen die gegebene Uebersicht beschliessen.

Ueberblickt man die ganze stoffliche Fülle, die ich mehr oder minder eingehend zu schildern versuchte, so sieht man sich zunächst beirrt, irgend einen leitenden Gedanken in ihr aufzufinden. Mythisches und Historisches, Genrehaftes und Persönliches wechselt ab, in sorgloser Einfalt ist ohne jede scheidende oder bindende Vermittlung Gegenstand an Gegenstand hart aufgereiht. Wenn auch in verschiedener Fassung, ist eine Kentauromachie, möglicher Weise auch eine Amazonomachie zwei Mal vertreten. Diese letztere Thatsache namentlich schliesst einen einheitlichen Decorationsplan, der auf anderen als rein formellen Rücksichten und Erwägungen beruhte, so viel ich zu erkennen vermag, geradezu aus. Man wird darin ein kunstgeschichtliches Factum erblicken dürfen, welches für die Beurtheilung ähnlicher Darstellungscomplexe nicht ohne Bedeutung und jedenfalls aufschlussgebend für die Art und Weise der Entstehung ist. Die an Ort und Stelle berufenen Künstler fanden eine grosse Aufgabe vor, die zu verzierenden Wände waren lang und die Reliefs werden nach ihrem räumlichen Ausmasse honorirt worden sein. Auch bei zahlreicher Betheiligung war die Arbeit nicht auf einen Anlauf zu vollenden, sondern dürfte Jahre erfordert haben, und das Leben auf jenen von griechischer Cultur abgeschiedenen Höhen brachte die Entbehrungen eines halben Exils mit sich. Ohne beständig neue Sättigung des Auges, wie die ausführende Hand sie doppelt für ein lange beschäftigendes Werk bedarf, ohne den Sporn der stolzen Vorstellung für eine Menge von Einsichtigen, welche zu sehen verstanden und zu vergleichen in der Lage waren, und frisch in ein bestehendes lebendiges Ganze hinein zu schaffen, mögen die mit der Bestellung Betrauten oft ihre Gebundenheit empfunden und ein Ende der Arbeit herbeigesehnt haben. Nichts verzeihlicher also, dass sie ohne vieles Wählen hergaben, was sie an Vorwürfen besassen und in der Durchführung eine Gleichmässigkeit des Fleisses nicht bewiesen, die ihnen als Griechen ohnehin nicht im Blute lag. Denkt man sich aus eigener Anschauung der Oertlichkeit, deren überzeugende Kraft auch die lebendigste Be-

schreibung nicht zu vermitteln vermöchte, in ihre eigenthümliche
Lage, so staunt man vielmehr über das was sie vollbrachten; in
ihrer Leistung erwärmt noch heute das herrliche innere Feuer,
welches productiven grossen Epochen eigen ist, die ganze Idealität
der griechischen Kunst, welche geduldig ihre Wunder hinschrieb,
wo Zufall oder Bestimmung sie hinführte.

Gewisse Verschiedenheiten in Anlage und Ausführung, worin
sich das Zusammengehen verschiedener Hände verräth, springen
sofort in die Augen und sind als Merkwürdigkeit namentlich oft
und übereinstimmend von Künstlern welche die Originale besich-
tigten herausgefunden worden. Das Proportionssystem der Figuren
des Freiermordes beispielsweise ist ein völlig anderes als dasjenige
der unmittelbar darunter stehenden Figuren der Meleagerjagd, und in
beiden Stücken ist auch die Gewandbehandlung ersichtlich ab-
weichend. Die schlankeren Gestalten der Meleagerjagd wiederholen
sich in der Stadtbelagerung, sehr deutlich dann auch in der schönsten
Platte der Amazonomachie, während in der grossen Griechenschlacht
wieder ähnlich untersetzte Verhältnisse mit ungefällig grossen Köpfen
wie in den Odysseedarstellungen auftreten. Da ein grosses Material
zur Vergleichung unter sich vorliegt, werden ohne · Zweifel auch
andere feinere Unterschiede sich im Laufe der Zeit überzeugend
geltend machen. Aber alle diese Differenzierungen treten als etwas
Untergeordnetes zurück gegenüber dem allgemein auszeichnenden
attischen Charakter, welcher dem Monument einheitlich in allen
seinen Theilen aufgeprägt ist. Er bekundet sich in der Wahl der
Gegenstände, vor Allem der Theseusthaten, des Kampfes der Athener
mit den Amazonen, der Kentauromachie und anderer Stoffe, welche
die attische Kunst des fünften Jahrhunderts mit Vorliebe behan-
delt, typisch ausgestaltet und für alle Folgezeit gross und berühmt
gemacht hat. Er ist verfolgbar in Geist und Leben der Composition, in zahlreichen Einzelmotiven, welche als Entlehnungen Va-
rianten Weiterbildungen aus dem grossen Flusse künstlerischer Pro-
duction geschöpft sind, den uns die Friese der erhaltenen Haupt-
bauten, des Theseion, des Niketempels, des Parthenon, des Apollo-
tempel von Phigalia vergegenwärtigen, verfolgbar ferner in der
Behandlung des Reliefs, in der Zeichnung der Pferde, und würde
sicher auch an dem letzten sprechendsten Merkmale, in der künstlerischen Handschrift der Arbeit allgemeiner zu Tage treten, wenn
die Erhaltung der Details für Beobachtungen dieser Art nicht so
oft versagte. Angesichts einer Figur wie der Penelope und namentlich

ihrer im Rücken stehenden Dienerin, oder vor dem Zweikämpfer-
paare links oben neben der Stadtbelagerung, an dem die vollste
Frische Schärfe und Feinheit der Durchbildung tastbar geblieben
ist, sehe ich Nichts was der Annahme rein attischen Ursprunges
ernstlich entgegenstünde. Sollten die ausführenden Künstler andere
Griechen gewesen sein, so sind sie wenigstens für uns zunächst
wie Athener, hatten der attischen Schule sich angeschlossen, in
Attika gelernt und gelebt und mit dem besten Gut ihrer Lehrjahre
die Herrlichkeiten Athens in eine ferne Welt getragen. So gut wie
ausgeschlossen' scheint mir sie als Lykier zu denken, wie man
dies für die unbekannten Urheber des Nereidenmonumentes zu thun
versucht hat, um das Nebeneinanderstehen attischer und nicht attischer Elemente an demselben zu erklären. In den Ueberlieferungen
der griechischen Künstlergeschichte fehlt jeder Hinweis auf die Möglichkeit eines solchen Verhältnisses, und im Lande selbst gebrach
es, von dem Gesteine der Berge an bis zu den geistigen Factoren
der Lebenshaltung, Bildung und Gesittung der Bewohner, an allen
Elementen, welche das Entstehen einer einheimischen Kunst hätten
bedingen und fördern können.

Eine Eigenthümlichkeit fällt allerdings auch hier als nichtattisch,
und wenn man sie bemerkt hat, nachhaltig störend auf. Sie wiederholt sich gleichmässig an dem Nereidenmonument von Xanthos
und überwiegend an den meisten griechischen Sculpturen in Lykien:
die durchgehende Bekleidung oder decente theilweise Verhüllung der
Gestalten. Dem Haupthelden Theseus ist allerdings das Vorrecht
heroischer Nacktheit verblieben, unverhüllt liegt auch eine Griechen-
leiche in der Amazonomachie am Boden; dies werden aber so
ziemlich die einzigen Ausnahmen von der Regel sein und sie nehmen
sich wie untergeordnete geduldete Freiheiten aus, mit denen Trieb
und Bedürfniss des künstlerischen Gewissens einen auferlegten Zwang
gelegentlich durchbrach. Aeusserst bezeichnend scheint mir in dieser
Hinsicht namentlich die Veränderung, welche die auf S. 54 reprodu-
zirte schöne Gruppe des Phigaliafrieses erfuhr, noch schlagender
die unerfreulich absichtliche Introduction der Gewänder an den
Figuren des Freiermordes. Die ganze Erscheinung ist merkwürdig
genug, löst sich aber namentlich nach den letztgenannten Beispielen
auf als eine begreifliche Accomodation an locale Anschauungen und
Bedürfnisse, wie sie vollkommen analog auch an den für den Ex-
port nach Südrussland gearbeiteten attischen Werken des vierten

Jahrhunderts beobachtet worden ist *). Auch in der Behandlung von Tracht und Bewaffnung sind Ummodelungen und Annäherungen an die Localsitte zugegeben, wie keine Migration auch der Kunst ohne alle Anpassung sich vollzieht. Sie erscheinen als äusserliche Versuche, das exotische Kunstwerk gefälliger einzubürgen und an dem Ort für den es geschaffen war, lebensfähiger zu gestalten.

IV

Hauptsächlich in den Frühlingsmonaten wurden von den einzelnen Expeditionsmitgliedern Excursionen unternommen, welche nicht blos die Umgebung von Gjölbaschi und das Dembreplateau, sondern grössere Theile des Küstengebietes bis Adalia und späterhin das Hochland genauer bekannt machten. Auf Tafel V hat Niemann unter Zugrundelegung eines Kartenentwurfs von Heinrich Kieperts Hand versucht, diese einzelnen Reisen, jedoch grösstentheils noch ohne Verwerthung ihrer Routieraufnahmen, vorläufig zusammenzuzeichnen, um für die folgenden Einzelberichte einen ungefähren Anhalt zu bieten. Unter diesen letzteren fehlt eine Notiz Felix von Luschans über seine Touren in die gegen Antiphellos liegenden Plateaustriche, da derselbe kurz nach seiner Rückkehr sich mit dem Grafen Carl Lanckoroński wieder nach Adalia begab, um in Begleitung dieses liebenswürdigen und energischen Förderers unserer Expedition, dessen weiteren Unternehmungen unsere herzlichsten Glückwünsche in die Ferne folgen, die Hauptplätze Pamphyliens und Kilikiens zu besuchen. Der grösste Antheil an diesen Berichtigungen und Bereicherungen der geographischen Landeskenntniss fällt Petersen und Luschan zu, die mit unermüdlicher Energie im Juli und August die Hauptreise in das Innere durchführten, welche wegen einer Erkrankung Petersens leider vorzeitig abgebrochen werden musste und in der Kibyratis um einen gerade da besonders wünschenswerthen Vollgewinn kam. Wie natürlich folgen daher zunächst Petersens Mittheilungen:

„Am 17. April kamen wir (Dr. v. Luschan und ich mit Begleitung) in Makri an, wo wir freundliche Aufnahme und Förderung durch Herrn Casilli erfuhren. Nachdem am 18. Pferde in Lewissi eingekauft, auch einige Inschriften, darunter die bilingue des Apollo-

---

*) Vergl. hierüber die lehrreichen Ausführungen Wieselers Göttinger gelehrte Anzeigen 1876 S. 1489—1493.

nides copiert, und am 19., so gut es im Regen ging, die Felsgräber
von Makri, die Akropolis sowie eine frische Ausgrabung besucht
waren, brachen wir am 20. nach Gjölbaschi auf. Wieder stiegen
wir zur Ebene von Lewissi auf, deren Westende wir durch falsche
Nachricht von Inschriftgräbern verlockt, umkreisten; dann gegen
Osten den Pass zwischen Mendes- und Buba - Dagh übersteigend,
zogen wir weiter an Pinara vorbei, wo in einer Abendstunde eben
noch die Copie einer lykischen Inschrift fertig gebracht wurde. In
unnöthiger Eile ging es das Xanthosthal hinab nach Gynik; hier wurde
die für die Thiere nöthig gewordene Rast von zwei Tagen zur Anschauung und zum Studium der Ruinen von Xanthos benützt und
mehrere bisher unbekannte Inschriften copiert. In Bassiryan-Jaila
nahm die Untersuchung einer hoch gegen Süden gelegenen Burgruine, welche von der Expedition des vergangenen Jahres nur aus
der Ferne gesehen, nicht besucht worden war, einen halben Tag in
Anspruch. Der beträchtliche Mauerumfang und nicht wenige Mauer-
züge drinnen, wie von Häusern, erschienen schon damals, mehr
noch nachdem ich antike lykische Stadtruinen besser kennen gelernt, als sehr späten wohl mittelalterlichen Ursprungs. Weiter
zogen wir, am Fellentschai hinab, fanden bei Assaralti, ungefähr
da wo das Thal von Säret einmündet, auf einer sehr steil, stellenweise besonders gegen Norden jäh abfallenden Hochfläche eine bisher unbekannte alte Stadt: hier unzweifelhaft alte Mauern, zahlreiche alte Gräber, namentlich auch von der Form des massiven
Grabpfeilers, aber auch nicht die kleinste Inschrift. Am 27. erreichten wir Kasch und nachdem wir daselbst dem Kaimakam, in
dessen Bezirk Gjölbaschi liegt, unsere Aufwartung gemacht hatten,
am 28. Gjölbaschi, wo auch alsbald alle Mitglieder und Theilnehmer
der Expedition versammelt waren."

„Indem ich von meiner Thätigkeit in Gjölbaschi, die ja nur
ein Theil der gemeinschaftlichen Arbeit war, schweige, berichte ich
nur über die näheren und ferneren Ausflüge von dort aus."

„Am 3. Mai fanden Herr v. Knaffl und ich bei Recognos-
cierung eines Weges für den Transport der Steine auf einer weiter
gegen Osten gelegenen steilen Kuppe des Plateaus von Gjölbaschi
eine alte Burgruine mit wohlgefügten Mauern und einem gegen
Süden gelegenen Thor, interessant durch eine vor dem Eingang in
der Mauer angebrachte Bildnische, allem Anschein nach für eine
thorhütende Gottheit bestimmt. Ein anderes Gemäuer, welches wir
damals auf dem Plateau gegen Norden sahen, habe ich erst später

(21. Mai) mit Benndorf besucht: ein Rechteck von stattlichem Quaderbau römischer Zeit. Südlich unter jener Burg kam ich später vorbei als ich mit Herrn von Knaffl und Dr. Schneider die Herren Baron v. Warsberg, Prof. Zumbusch und Consul Casilli am 25. und 26. Mai nach Dembre begleitete. Damals sah ich tief unter der Burg auf der Ebene verschiedene Sarkophage, an deren einem noch ein griechischer Name lesbar war. Weiterhin gegen Myra sahen wir einen stattlichen römischen Grab(?)bau; sodann im Thal des Andrakiflusses einen gleichfalls römischen Bau anderer Bestimmung. Am eingehendsten ward das Theater und die zahlreichen Felsgräber bei Myra betrachtet."

„Am 21. Juni begab ich mich mit Prof. Niemann nach Hoiran (1½ Stunden von Gjölbaschi), wo ich das Terrain der alten Stadt und Burg mit den zahlreichen Gräbern verschiedener Construction mit oder ohne Inschriften und Reliefs untersuchte, ohne jedoch den alten Namen der Stadt finden zu können. Am 4. wanderten wir gegen Westen nach Jau am Fuss des steilen Berges, welcher die weitläufigen und zum Theil schwer übersehbaren Ruinen von Kyaneai trägt. Mein Geschäft war vornehmlich die Untersuchung der Gräber und ihrer Inschriften, deren verschiedene griechische wie lykische neu gefunden wurden, auch ein Relief, Herakles von einem Löwen getragen darstellend. Am nächsten Tage, nachdem Prof. Niemann mich in der Frühe verlassen hatte, habe ich auch die Stadtmauer genauer untersucht. Abends kehrte auch ich mit Dr. Schneider, welcher am Morgen eingetroffen war, nach Gjölbaschi zurück."

„Am 15. Juni begab ich mich in Begleitung von Dr. Löwy nach Rhodiapolis. Es galt eine grosse, von Spratt und Forbes schon gesehene, von Dr. Löwy bei einer früheren Excursion, so weit es damals möglich war, schon abgeschriebene Inschrift ganz zu copieren, nebenher die Inschiften der zahlreichen Felsgräber von Limyra abzuklatschen. Mit einigen griechischen Arbeitern und den nothwendigsten Werkzeugen begaben wir uns daher in die Jalibai, fanden auf dem „Taurus" gastliche Aufnahme und fuhren andern Tags mit einer Barke nach Phineka. Von H. Cocchini, welcher uns eine Strecke begleitete, geführt, gelangten wir am 16. in die Wohnung des freundlichen Ismail Effendi, am 17. über Limyra nach Rhodiapolis. Hier liessen wir uns, der Zeitersparniss halber oben im Wald unter den Ruinen der alten Stadt, neben dem zerfallenen Bau, welcher die Inschriften getragen hatte, nieder.

Vom 17. Mittags bis zum 20. Abends wurden die ziemlich mächtigen, wirr übereinander gestürzten Quadern des Baues umgewälzt und abgeschrieben, die vorhandenen Architecturstücke gemessen und nach Kräften gezeichnet, im Innern des Baues eine Grabung unternommen, die indess nichts als zahlreiche Ziegel ergab, welche ihrer übereinstimmenden Form nach wohl von der gewölbten Decke herstammten. Vielleicht gelingt es trotz fehlender Stücke — manche Blöcke waren so verwittert, dass sie während des Umwälzens zerbröckelten, andere waren schon in früheren Zeiten zergangen, deren Brocken aufzulesen wir uns anfangs die Mühe nahmen, bis wir dies als Zeitvergeudung erkannten — die langathmige Inschrift von den Verdiensten und Ehren des Lykiers Opramoas, wie sie in Columnen auf den zwei Seitenwänden und an der Front des Baues geschrieben war, interessant für die Verhältnisse Lykiens im Beginne des zweiten nachchristlichen Jahrhunderts, trotz der störenden Wiederholungen, im Wesentlichen herzustellen. Am 21. sahen wir uns Morgens noch nach anderen Inschriften unter den Ruinen um, zogen gegen Mittag nach Limyra, von dessen drei Gräbergruppen wir die östliche noch am selbigen Abend, die mittlere und westliche am nächsten Tage absolvierten, worauf wir wieder bei Ismail Effendi einkehrten. Am 23. ritten wir, theils um die Landschaft kennen zu lernen, theils eines angepriesenen Reliefs wegen gegen Norden zu der Jaila von Phineka hinauf. Das Relief war byzantinisch, aber die Lage des Sommerdorfes hoch am östlichen Hang des Aladjadagh schön und erquicklich, und am Weg fanden sich ein Paar Felsgräber, das eine mit Inschrift, das andere mit Relief. Nachdem am 24. noch eine Gruppe von Felsgräbern am Phineka-Su besucht war, schön gelegen, nicht uninteressant wegen der Formenmischung, gut erhalten wie wenige, aber unzugänglich bis auf zwei, deren eines ohne Inschrift, das andere mit Lebensgefahr erklettert innen eine griechische Inschrift trug, kehrten wir am 25 über Phineka, Dembre nach Gjölbaschi zurück."

„Ein abermaliger Besuch Hoirans am 5. Juli liess den Stadtnamen wieder nicht finden, lehrte aber eine früher nur im Vorbeigehen gesehene Gruppe von Sarkophagen am Wege nach Kyaneai kennen."

„Am 13. Juli endlich brachen Dr. v. Luschan und ich mit Dragoman und Diener von Gjölbaschi auf, um durchs lykische Hochland und Karien gegen Smyrna zu reiten; das Naturwissenschaftliche sollte Dr. v. Luschans, die Wegbeschreibung und das

Studium der antiken Reste wie früher meine Aufgabe sein. Am Dembretschai aufwärts über Kasch, am Jailanitschai hinauf über den Sususdagh erreichten wir Gjömbe am Ostfuss des Akdagh am 15. Juli. Am 16. und 17. erstiegen wir drei Gipfel des Akdagh. Während Dr. v. Luschan Höhenmessungen machte und die reiche Flora sammelte, suchte ich ein Bild des Gebirgsreliefs zu gewinnen und möglichst viele ferne Punkte zu visieren. Nach einem Rasttag brachen wir am 19. von Gjömbe nach dem Ringbecken von Gürdef auf. Hier stiess uns zuerst und reichlich die Form von Sarkophagen und Grabsteinen auf, die wir ferner an vielen Stellen des inneren Hochlandes wiederfanden, nicht uralt, wie Ritter nach Schönborn berichtet, sondern meistens gar später Zeit, aber doch an hellenistischen Formenbrauch anknüpfend. Neben zahlreichen Grabdenkmälern auffallender Mangel alter Baureste, namentlich von Befestigungen, liess hier wie in später durchwanderten Gegenden erkennen, dass man auch in alten Zeiten hier nicht dauernd wohnte. Ueber Juwa gelangten wir am 21. nach Elmalü, wo wir für längere Zeit im Garten des gastfreundlichen Mussa Effendi unser Standquartier für weitere Ausflüge nahmen. Am 26. besuchten wir von hier aus die alte Stadtruine über Armudlü, welcher wir, leider ohne Ersatz, den von den Engländern ihr gegebenen Namen Podalia entziehen mussten, um denselben einer anderen Ruine beizulegen, welche wir am folgenden Tage besuchten. Denn diese theils am Fusse eines am Awlangöll sich erhebenden Hügels, theils und hauptsächlich auf dem Gipfel desselben gelegen, hatte man uns in Elmalü als heute noch Podamia oder Podalia genannt angegeben, und zwar erstere Form ein seit langer Zeit dort ansässiger Fremder, diese die Einheimischen. Nach einigen Tagen brachen wir zu längerem Ausflug in das Bergland östlich und nördlich von Elmalü auf; Wegrichtung und Stationen hatten wir mit jenem Fremden, dem des Landes sehr kundigen trefflichen Landsmann aus Triest, Francesco Veronese berathen. Wir wandten uns zunächst östlich nach Sirkisjaila, dicht am Westfuss des östlichen Akdagh, dessen Zusammenhang und Richtung wie sein Verhältniss zum Bejdagh uns noch deutlicher wurde, als wir uns dann nach Norden bis Owadjik und von hier gegen Westen über das Bergland zogen, um bei Karakjöi wieder in die Ebene oberhalb Elmalüs niederzusteigen. Von hier ritten wir an Gilewgi im nordöstlichen Winkel dieser Ebene vorüber, in dessen Nähe ich eine von Benndorf signalisirte Bergveste guter alter Zeit aufnahm, nordwestlich über Illa in das weite Seebecken von Sögud. An der Ostseite dieses Beckens zogen wir über Küsilallular nach Norden auf die höher gelegene Ebene von Alifaradin, sodann an der Nordseite am Südfuss des Rahatgebirges, welches ich an einem Rasttag behufs der Ueberschau erstieg, nach Westen über Osmankalfalar, dann in das separate Thal von Jazyr und Jazyrgöll, danach wieder umbiegend nach Sögud. Waren in Sirkisjaila, bei Owadjik, ferner auf zahlreichen türkischen (an Stelle antiker?) Friedhöfen längst der Ost- und Nordseite des Sögudbeckens, reicher entwickelt in Alifaradin, auch noch in Jazyr dieselben späten Grabstein- und Sarkophagformen begegnet, wie in Gürdef, bei Juwa u. s. w., daneben freilich in Alifaradin und Jazyr je ein kleines Relief hellenistischer Zeit, beide verwandten, nicht uninteressanten Inhalts, so trat bei Jazyrgöll zuerst eine andere Form auf: die griechische Stele mit Figuren oder Ornament und Inschrift, doch nicht frei gearbeitet, sondern als Felsrelief. Von derselben Art waren auch die Reliefs in Kosagatsch, durch rohe Ausführung die von Ritter erregte Hoffnung arg enttäuschend."

„Am 9. August spät nach Elmalü zurückgekehrt, blieben wir hier bis zum 18., theils mit Ausarbeitungen, theils mit kleineren Unternehmungen, theils mit unserer Post beschäftigt. Am 18. ritten wir ab, über Eskihissar, Kuju nach den Ruinen von Oinoanda, an deren Durchforschung vorzüglich nach Inschritten ich mich trotz starken Unwohlseins noch zwei Tage betheiligte. Weiter aber musste ich die Untersuchung der Ruinen von Balbura, wohin wir am 24., und von Kibyra, wohin wir am 26. gelangten, ganz allein dem trefflichen unermüdlichen und nach allen Seiten hin eifrigen und geschickten Dr. v. Luschan, der auch früher schon immer, wenn er Zeit hatte, meine Arbeit getheilt, überlassen, zufrieden wenn ich selbst nur von Ort zu Ort kam. Durch zwölftägiges Stillliegen in Chorzum war ich so weit hergestellt, dass wir auf dem nächsten Wege reitend die Eisenbahn bei Sarakiöj am 11. September und am nächsten Tage Smyrna erreichen konnten."

Robert Schneider berichtet im Folgenden zunächst über einen Ausflug nach Antiphellos und Tüssa: „Den 10. Juni brach ich vom Lager in Gjölbaschi auf, folgte erst dem mir bekannten Pfad nach Jau (Kyaneai), ritt durch die Kesselthäler von Nadarlar, Sarlar, Barletscha, Ovlansarentsche und Awela und die steilen Bergabhänge zur Küste hinab, wo auf der Wurzel einer nach Südwest lang vorgestreckten Halbinsel das alte Antiphellos, das heutige Antifilo liegt. Der Besichtiguug der Ruinen, insbesondre des antiken Theaters und des dorischen Grabes (Texier description de l'Asie Mineure pl. 197), der Revision bereits edirter, der Sammlung noch unbekannter Inschriften könnte ein voller Tag gewidmet werden. So unverlässlich Texiers Stadtplan (a. l. c. pl. 191—192) auch sein mag, so scheinen doch vor mehreren Jahrzehnten antike Ueberreste hier in reicherer Fülle vorhanden gewesen zu sein und in dem Masse allmählig zu schwinden, als das gegenüberliegende Castellorizo immer mehr Colonisten nach der Stelle des alten Emporiums entsendet, deren noch kleine Niederlassung sichtlich in stätigem Wachsthume begriffen ist. Die Inschriften der ausgedehnten Nekropole sind bereits von meinen Vorgängern abgeschrieben worden, weshalb ich den grössten Theil der Zeit daran wandte, im Orte selbst nach solchen zu suchen; in der That fand ich einige neue, leider aber meist fragmentirte. Um die Trümmerstätten von Patara und Xanthos aus eigner Anschauung kennen zu lernen, dehnte ich die Reise bis in das Xanthosthal aus; unter den dort gelegentlich copirten Inschriften mag eine oder die andre noch unedirt sein. Zurückgekehrt nach Antifilo besuchte ich die von Spratt und Schönborn erwähnten Ruinen von Tüssa. Leider kam ich in vorgerückter Nachmittagsstunde an und wurde bald von der Dämmerung überrascht. Nicht ohne Interesse waren hier die Ueberbleibsel von Reliefs an der Felswand bei einem Grabe am Fusse des Burgberges: erhalten sind davon zwei geharnischte Krieger, welche über einem Gefallenen einander bekämpfen — dem Stile nach mit den Bildwerken von Gjölbaschi völlig übereinstimmend. Von einer unedirten Inschrift mit lykischen Charakteren auf einem im Gehölz verborgenen Sarkophage brachte ich einen Papierabdruck mit."

„Ausflug in das Gebiet des Aladja-Dagh. Professor Niemann, Dr. Studniczka und ich verliessen den 22. Juni das Lager und kamen nach längerem Aufenthalte in Myra, der dem Besuche des uns damals noch unbekannten Kornmagazins des Kaisers Hadrian galt, noch an demselben Tage bis Matirli am linken Ufer des Dembretschai. Den nächsten Tag führte uns der Weg zunächst einen westlich vom Beimelik-Dagh gelegenen Berg hinan, auf dessen Höhe Sarkophage und Ruinen antiker Wohnhäuser stehen, und indem wir im wesentlichen die Richtung nach Norden einhielten und zuletzt einen jähen Abhang hinabritten gelangten wir in ein von Föhren bestandenes, nach Südwest verlaufendes Thal. Trafen wir in demselben auch nicht die noch ungehobenen Schätze antiker

Skulptur, von welchen die Griechen in Dembre uns erzählten, so waren wir doch nicht wenig erstaunt, in dieser Abgeschiedenheit ansehnliche Spuren einer altchristlichen Niederlassung zu finden. Etwa eine Stunde von der seit kurzem erst bezogenen Jaila lag eine aus zerstörten Wohngebäuden und einigen Sarkophagen bestehende Ruinengruppe, „Aladja Assar", und auf halbem Wege dahin eine zweite, von den Eingebornen noch heute „Aladja Kisle" genannte mit den grösstentheils noch aufrecht stehenden Mauern zweier Basiliken und eines Baptisteriums, deren Grundrisse deutlich erkennbar sind. Wir fanden hier reich verzierte Gebälkstücke und Taufbrunnen, Säulen mit gut gearbeiteten Kapitälen, die an jene von der Basilika des Hercules in Ravenna gemahnten, eine nach der Erschaffung der Welt datirte Inschrift u. a. Auf steiler Höhe inmitten eines Föhrenwaldes, durch dessen Stämme man einer entzückenden Aussicht auf das Meer genoss, entdeckten wir eine wohl erhaltene Einsiedelei mit zum Theil in die Bergwand gehauenen zum Theil aufgemauerten Zellen und zahlreichen in den Fels gemeisselten christlichen Symbolen und Inschriften. Den dritten Tag ritten wir das Aladja Thal entlang, übersetzten in der Richtung nach Westen einen Hügelrücken und erreichten längs eines nach Südwesten gerichteten Rinnsals das Dorf Muscar, wo die Ruine einer byzantinischen Kirche, ein Felsengrab und ein Sarkophag Zeugnis für eine antike Niederlassung ablegen. Hier verliess uns Herr Studniczka um nach Dembre zurückzukehren. Wir stiegen erst in der Richtung nach Nordwesten dann nach Norden durch eine wüste Felsgegend bergan, trafen auf der Höhe ein unter Eichen verstecktes Dorf, Karabéköj, und langten nach zweistündigem beschwerlichem Abstiege in Tschaman an, wo wir an einer schon in byzantinischer Zeit gefassten Quelle Rast hielten. Auch bei diesem Orte stehen noch zwei lykische Felsgräber. Den Rückweg nahmen wir durch die Thäler des Tschaman-, Ernes- und Dembretschai. Von dieser Wanderung durch ein vor uns von europäischen Reisenden nicht betretenes Gebiet liegen genaue Routenzeichnungen von der Hand Herrn Professor Niemanns vor."

Franz Studniczkas Betheiligung bestand hauptsächlich in mehreren kleineren Touren, die er von Gjölbaschi aus unternahm: „Zunächst verbrachte ich mit Dr. Löwy 8 Tage mit dem Studium der Ruinen von Myra. Wir revidirten die Felsengräber beim Dorfe Köitschi, zunächst die nach Süden gekehrte Gruppe und fanden

dabei drei in unseren Scheden nicht enthaltene lykische Grabschriften, deren eine wir auf dem Friedhof von Köitschi ausgruben.
Im Orte Dembre fanden wir etwa ein Dutzend meist in den
Häusern verbaute griechische, meist fragmentirt und wohl insge-
sammt aus der Kaiserzeit von den Flaviern abwärts. Den letzten
Tag widmeten wir einem vorläufigen Besuch der Ruinen von Sura
westlich von Köitschi."

„Der Wunsch von sämmtlichen erreichbaren lykischen Inschriften Abklatsche zu erhalten gab Anlass zu einem zweiten
Besuch von Myra, diesmal in Gesellschaft von Prof. Niemann. Drei
Tage war ich mit der Anfertigung von Abklatschen und einer Revision der östlich am Dembretschai gelegenen Felsengräber beschäftigt, wobei sich zwei weitere scheinbar unedirte lykische und
vier griechische Grabschriften ergaben, ich auch die Fragmente
einiger Dipinti im Theater von Myra notirte, welche Prof. Benndorf
entdeckt hatte. Den Besuch einiger Herren vom „Taurus" benutzte
ich, um mich zur See an Bord des Schiffes zu begeben, von wo
aus ich die Ruinen der Küste von Kekowa untersuchte."

Drei Tage beschäftigten mich die Inschriften von Kekowa,
deren Lesung zum Theil äusserst zeitraubend war. Ich schrieb
einige neue Inschriften ab, darunter eine Sarkophaginschrift mit
dem Stadtnamen ƗIMHNEⱭN, während es mir nicht gelang, die auf
Aperlai weisenden bekannten Inschriften in dem zu dieser Zeit
bereits völlig menschenleeren Dorfe aufzufinden. Am vierten Tage
führte mich mein türkischer Begleiter zu einem noch unbekannten
Assar eine Stunde etwa ziemlich genau im Norden von Kekowa
gelegen. Der Ort befindet sich auf einem Hügel in dem steil bewegten Vorlande des Plateaus und besitzt zahlreiche Festungs-
werke aus Alterthum und Mittelalter, viele Sarkophage und eine
auf geringer Erderhebung gelegene kleine byzantinische Kirche die
aus antiken Quadern, nach Ausweis einer von den Inschriften und
mehrerer Architekturstücke spätdorischen Stils, an Stelle eines
kleinen Tempels des Apollon Patroos erbaut ist. Leider ergab
sich der Stadtname weder aus den wenigen lesbaren Sarkophaginschriften noch aus einem in der Kirche vermauerten Psephisma.
Dicht dabei fand sich ein Felsengrab mit lykischer Inschrift. Doch
sieht der Name des nächstliegenden Türkenorts (im Nordwesten)
Tirmisini ganz wie eine Umbildung des in Lykien mehrmals auf-
tretenden Namens Telmessos, Termessos aus, und in nächster Nähe,
an der Küste von Tristomo, liegt ein Telemisseer begraben."

„Zwei Tage später setzte ich nach nochmaligem Besuch des neugefundenen A s s a r meine Untersuchungen an der Küste von T r i-s t o m o, auf dem grossen mehrfach mit „Siguda" bezeichneten Ruinenfelde fort, wo ich mehrere unbekannte Sarkophaginschriften fand, darunter eine als Psephisma stilisirte; dann zwei lykische Inschriften auf Felsengräbern. Von hier aus wollte ich am dritten Tag den im C. I. G. Owasari genannten Ort aufsuchen, dem von den beiden existirenden Orten Assari und Awschar das letztere genauer zu entsprechen schien, weshalb ich mich über T i r m i s i n i dahin begab, ohne an einem von den beiden Orten bedeutende Monumente zu finden. Den noch nicht verzeichneten Weg aufzunehmen war ich in Ermangelung von Instrumenten verhindert. Von Awschar begab ich mich, da mein Führer den Dienst versagte und in dem fast menschenleeren Dorf nicht zu bleiben war, über Jau nach Gjölbaschi zurück. "

„Die nächste Tour führte mich als Begleiter Prof. Niemanns mit Dr. Schneider nach dem A l a d j a g e b i r g e. Unser Weg führte über M y r a, wo wir Halt machten, um in den Felsengräbern einige Notizen nachzutragen. Dann ritt ich mit Dr. Schneider an den A n d r a k i f l u s s zum G r a n a r i u m des H a d r i a n, wo wir einige spätgriechische Inschriften abschrieben. Tags darauf erstiegen wir das Gebirge westlich vom Dembretschai und langten gegen Mittag in der kleinen Niederlassung bei A l a d j a - A s s a r an, wo es viele Ruinen geben sollte. Dort fanden wir nichts als hoch am Westrand des Thales eine in den Fels gehauene Eremitenklause mit christlichen Symbolen, dann weiter unten im Thale die Ruinen einer schönen b y z a n t i n i s c h e n K i r c h e (Aladja-Kisle d. h. ἐκκλησία genannt) mit zwei byzantinischen Inschriften. Von antiken Ueberresten sahen wir nur wenige römische Sarkophage mit unlesbaren Inschriften. Tags darauf kehrte ich allein von Muskar aus nach Myra zurück und liess eine in einen Weg am Fuss der Akropolis verbaute grössere griechische Ehreninschrift, welche Prof. Petersen entdeckt hatte, ausgraben. "

„Am folgenden Tage berührte ich auf dem Wege nach Gjöl-baschi S u r a, revidirte die griechischen Inschriften daselbst und kam später noch einmal mit einer Leiter versehen dahin zurück, um die daselbst befindliche grosse lykische Grabinschrift abzuklatschen. Bei dieser Gelegenheit ergab sich auch ein zweiter Besuch des G r a n a r i u m, der durch den Fund neuer Inschriften, wie es scheint aus augusteischer Zeit belohnt war. "

„Einen Besuch an Bord des „Taurus" benutzte, ich um die
lykische Inschrift bei Assar nördlich von Kekowa abzuklatschen,
wohin ich diesmal von Nordosten kam, indem ich von Kapaklü
nach Westen über Isindipi das Thal von Tirmissini betrat,
zu dessen Anfang ich ein vereinzeltes mit lykischer Inschrift ver-
sehenes Felsengrab fand, in dessen spitzbogigem Giebel zwei
sitzende Figuren in Flachrelief dargestellt sind."

Ergänzend bemerkt Emanuel Löwy zu seinen im Vorstehen-
den schon wiederholt erwähnten Arbeiten Folgendes: „Im Anschlusse
an die auf Besichtigung der Chimaira gerichtete Tour des Herrn
Dr. Emil Tietze bereiste ich grösstentheils in dessen Gesellschaft,
vom 21. Mai bis 4. Juni, einen Theil des Inneren von Lykien. Ein
bestimmtes Programm lag nicht vor, nur sollten zur Besorgung
geschäftlicher Zwecke Kassaba und Elmalü berührt werden."

„Zuvor brachte ich, meist in Gemeinschaft mit Dr. Studniczka,
zehn Tage in Myra zu. Mit Dr. Tietze ging ich sodann nach Kassaba und von dort über Kemer auf einem vorher noch von keinem
Reisenden gemachten Uebergang über den Sususdagh nach Gjömbe
und Elmalü. Hier, sowie auf der ganzen übrigen Tour suchte ich
allenthalben in archäologischer wie in geographischer Beziehung
das Terrain soviel als möglich für die nach dem damaligen Plan
für die Sommermonate projectirte grössere Tour in das Innere des
Landes zu recognosciren, wobei selbstverständlich an ein längeres
Verweilen nicht gedacht werden konnte. In weiterem Vorgehen
wurden die Ruinen von Arykanda berührt und am untern Laufe
des Phineka eine Gruppe von Felsgräbern wahrgenommen, die, wie
die bei einer späteren Gelegenheit mit Prof. Petersen vorgenommene
Besichtigung erwies, durch ihre Form und Erhaltung besonderes
Interesse beanspruchen. Die Küste entlang ziehend gelangten wir,
Limyra und die noch wohl erhaltene römische Brücke über den
Alagirtschai passirend nach Schekiöi, in dessen Nähe ich die
Ruinen von Rhodiapolis aufsuchen wollte, wo ich, durch eine Notiz
bei Ritter aufmerksam gemacht, eine grosse, von Spratt, Forbes
und Daniells unvollständig copiert zurückgelassene und nicht edierte
Inschrift aufzufinden hoffte, was mir auch trotz mehrfacher Hinder-
nisse gelang. In etwa 15 Stunden, die ich bei diesem ersten Auf-
enthalt der Inschrift widmen konnte, wurden gegen 40 Blöcke,
deren Schriftfläche zu Tage lag oder leicht freigemacht werden
konnte, abgeschrieben, von denen sich bereits Wesen und Inhalt

deutlich erkennen liess. Dieselbe bedeckte die Wände eines offenbar ad hoc aufgeführten Monumentalbaus, der durch ein Erdbeben zusammengestürzt ist, und zählt in einer langen Reihe von Ehrendecreten (und Kaiserbriefen) die Verdienste des Opramoas, Apollonios Sohn, — einer Persönlichkeit, die bereits durch eine Inschrift aus Olympos bekannt ist und in einigen weiteren von mir in Rhodiapolis gefundenen Inschriften wiederkehrt — um Volk und Städte von Lykien auf, unter denen namentlich seine Stiftungen in zahlreichen Städten Lykiens wegen der Wichtigkeit, die sie angesichts der vielfach noch erhaltenen Bauwerke und der sicheren Datirbarkeit — die Inschrift fällt unter Antoninus Pius — für die Baugeschichte und Topographie des Landes besitzen, von Interesse sind. Der Rest der Blöcke, der nur durch Ausgrabungsarbeiten zugänglich war — im Ganzen dürften es über 120 gewesen sein - wurde bei einer zweiten Expedition, die ich nachher in Gemeinschaft mit Prof. Petersen nach Rhodiapolis unternahm, freigemacht und copirt."

„Mit Dr. Tietze zusammen wandte ich mich von Schekiöi über das Solymergebirge (Tachtalüdagh) zur Chimaira, von wo Ersterer den Rückweg antrat, während ich allein noch Phaselis und Olympos besuchte und sodann auf dem kürzesten Wege über Phineka und die beschwerliche Beimelikpassage nach Gjölbaschi zurückkehrte."

„Bei der mit Prof. Petersen gemeinsam nach Rhodiapolis unternommenen zweiten Tour wurden die Inschriften von Limyra collationirt, respective abgeklatscht, sowie eine Streifung am östlichen Abhange des Aladjadagh unternommen."

„Alle meine sonstigen Excursionen, wie die wiederholten nach Gjömbe auf theilweise verschiedenen Routen und eine Fahrt nach Castellorizo, waren ausschliesslich geschäftlichen Zwecken bestimmt. Doch liess sich auch hiebei Einiges von wissenschaftlichem Werthe gewinnen."

Ich selbst habe bei einem Ausfluge, der mich im Mai zu dem Kaimakam nach Kasch im oberen Dembrethale führte, Anlass genommen, die östlichste der drei auf dem Dembreplateau gelegenen Ruinenstellen, welche in Spratts Karte den Namen Kyaneai tragen, Gjauristan genannt, zu besuchen. Ausser Ueberresten von Stadtmauern, vierzig bis fünfzig spitzbogigen Sarkophagen, einem Felsengrabe und den Trümmern einer Kirche enthält sie nichts Bemerkens-

werthes. Der ihr gegebene Name Kyaneai lässt sich nicht begründen, er findet sich nur in mehreren Sepulcralinschriften, die
hierfür nicht beweisend sind: über das ganze Dembreplateau verstreut sind Gräber, auf denen Strafzahlungen an den Demos oder
die Gerusia von Kyaneai vorgeschrieben werden.

Mit Niemann Schneider und Studniczka brach ich sodann am
1. Juli von Gjölbaschi auf zu einer Tour nach Adalia, von wo die
Genannten nach Europa zurückzukehren wünschten. Wir wählten,
lediglich der Karte folgend, unbekannte Wege, ohne indessen auf
neue Orte zu stossen. Wie jetzt scheinen auch in alten Zeiten die
von der Küste abgelegenen östlichen Theile der Landschaft schwach
bewohnt gewesen zu sein und theilweise überhaupt keine sesshafte
Bevölkerung gehabt zu haben. Die wenigen antiken Plätze dieses
Gebietes sind klein und arm an Monumenten und datiren alle aus
spätrömischer Zeit. Der wild zerrissene Charakter der Bodenformation mit allenthalben sich ausbreitendem Urwalde von Nadel-
hölzern, der nur in den Tiefen der Thäler und längs der bedeu-
tenderen Zuflüsse mit Platanen abwechselt, macht eine so späte
spärliche Cultur wohl begreiflich.

Wir zogen im Dembrethale hinauf bis zum sogenannten Kegel-
berge und von da im Thale des Ernestschai, das wie eine Verlänge-
rung des oberen Dembrethales sich ausnimmt, über Karadagh nach
Jazyr in dem südlicheren der beiden Hochpässe die in das tiefe Ary-
kandusthal hinüberführen. Aus dem Arykandusthale stiegen wir zu
den in grandiosen senkrechten Felswänden abfallenden Südabhängen
des Akdagh auf in einem Seitenthale, aus dem ein Nebenbach des
Arykandus, der Baschkoschtschai, herabkommt und zogen auf der
rechten Uferseite des Alagirtschai entlang, Edebessos berührend,
weiter nach Norden, immer in einer Höhe von drei bis vier
Tausend Fuss das ganze wirre Thalgebiet mit seinen jenseitigen
hohen Ketten überschauend. Bei Kürdschekoi übersetzten wir sodann den in tiefer enger Spalte hinabrauschenden Fluss und stiegen
an seinem Ostrande zu einem gegen fünf Tausend Fuss hohen Passe
der Astlanjaila auf, von dem aus wir im Tschandyrthale, gleichfalls wieder hoch oben auf der linken Seite des Flusses, in die
Ebene von Adalia hinabgelangten. Der einzige antike Ruinenplatz
dieses ganzen Flussgebietes, auf einer steilen Höhe der Nordseite
gelegen, besitzt nur einige Grabmonumente aus der Kaiserzeit und
hat den Namen Marmora ohne Beweis und ohne die Möglichkeit
eines Beweises erhalten.

Nach einem mehrtägigen Aufenthalte in Adalia, welchen Niemann zu einer Aufnahme des von dem Mutessarif Turkan Bei kürzlich freigelegten römischen Triumphbogens angeblich aus hadrianischer Zeit, und mehrerer Häuser der Stadt benutzte, die in ihrer Anlage strenger als anderwärts den antiken Typus bewahrt haben, nahm ich allein den Rückweg zu Lande. Ich zog dies Mal von Gurma dem rechten Ufer des Tschandyr entlang nach Tschandyr-Assar, das sich als eine mittelalterliche Festung ohne alle antiken Ueberreste erwies, und in einem südlichen Seitenthale des Tschandyr wieder hinüber in das Alagirgebiet nach Göldschik und Saradschik, an welchem letzteren Orte in Waldeinsamkeit die Trümmer einer grösseren römischen Ortschaft liegen. Hier verwandte ich zwei Tage auf die Aufnahme eines merkwürdigen tempelartigen Grabbaues aus römischer Zeit, der im Giebel ein von zwei Tritonen gehaltenes grosses Gorgoneion und auf den Aussenwänden Reliefdarstellungen von Waffen und isolirten menschlichen Körpertheilen (Kopf, Arme, Beine) zeigt, und desgleichen eines späten Sarkophages mit Reliefs von Amazonenkämpfen und Heraklesthaten. Dann drang ich in bedeutender Höhe an den Westabhängen des Bereketdagh in das noch unbegangene obere Alagirtschaithal vor, welches meist kahl und scheinbar ohne alle Ansiedelung ist, und überstieg auf einem ungefähr sieben Tausend Fuss hohen Pass den Bejdagh, um über Gilewji, wo ich auf die Umfassungsmauer einer grösseren antiken Ortschaft stiess, die später von Petersen und Luschan genauer untersucht worden ist, auf das Hochplateau von Elmalü zu gelangen. Von Elmalü schlug ich den gewöhnlichen Rückweg über Gjömbe und den Sususdagh ein, mit einer Abbiegung jedoch nach Durasan, wozu eine Räuberbande nöthigte, mit welcher in der Passstrasse eine in die Jaila ziehende Dorfgemeinde soeben ein Treffen bestanden hatte.

V

Als ich nach vierwöchentlicher Abwesenheit am 28. Juli auf die Höhe von Gjölbaschi zurückkehrte, fand ich die Transportarbeiten zwar im Gange, aber entschieden langsamer, schwieriger und weitaussehender als wir angenommen hatten und Grund gehabt hatten anzunehmen.

Es war eine harte Aufgabe, die uns noch bevorstand, und im Verlaufe der nächstfolgenden Wochen vereinigten sich eine Reihe unerwünschter Umstände sie ungewöhnlich zu erschweren. Einer jener Zufälle, wie sie bei so langsamer Postverbindung auf unserem abgelegenen Arbeitsplatze nur allzubegreiflich waren, hatte uns gerade in dieser Zeit um entscheidende Nachrichten aus Wien gebracht. Für die erbetene Theilung unserer Funde wollte von den ottomanischen Behörden kein Bescheid eintreffen, der doch vor Allem nothwendig war, ehe für die umständlichen Fragen der Einschiffung eine Vereinbarung getroffen werden konnte. Später als August, hiess es, sei an der unbewohnten hafenlosen Küste von Dembre oder Andraki — denn nur diese beiden Orte konnten in Frage kommen — wegen des ungünstig werdenden Wetters auf eine sichere Einschiffung nicht mehr zu rechnen. Verhandlungen, die wir hierüber mit der Direction der „Asia minor steamship company" in Smyrna, welche kleine Dampfer an der West- und Südseite Kleinasiens verkehren lässt, und gleichzeitig mit verschiedenen Rhedern von Castellorizo eingeleitet hatten, schienen aussichtslos der geforderten übertriebenen Preise wegen — an eine Hilfe von Seiten des „Taurus" war in dieser Hinsicht nicht zu denken - und zu Allem kam, dass bei der beständig wachsenden Gluth und der zunehmenden Wassernoth die Kraft unserer Arbeiter sichtlich nachliess, der Zulauf fremder Arbeiter immer unsicherer und wüster wurde und das von seinen Bewohnern verlassene, wie ausgestorbene und ausgebrannte Land weit und breit keine Nahrung und keine Hilfe bot. Unter diesen Umständen haben wir zuweilen ernstlich erwogen, ob es nicht gerathener sei für dieses Jahr die Arbeit einzustellen. Allein die Unmöglichkeit sie rasch zu einem gewissen Abschluss zu führen und bis zur Rückkehr hinreichend für die Sicherheit der zurückgelassenen Steine zu sorgen, die in ihrer aller Polizei spottenden Einsamkeit schon durch ihre Holz- und Eisenhüllen zu Plünderung und Zerstörung angereizt haben würden — waren die Kisten doch selbst während unserer Anwesenheit gelegentlich Object für Flintenkugeln - , auch der Gedanke an die erhöhten Erfordernisse einer spätern Wiederaufnahme und an die dann jedesfalls gesteigerten Schwierigkeiten einer Erwerbung hielten davon ab, und die festgehaltene Hoffnung auf ein glückliches Ende, welche eine Zeit lang nur an einem schwachen Faden hing, ist nicht unerfüllt geblieben. Mit besonderer Dankbarkeit vergegenwärtige ich mir die von vielen Seiten einsetzende Hilfe, welche zuletzt sogar über Erwarten rasch und glatt uns zu einem befriedigendem Abschluss verhalf, und wenn gleich Vieles davon und

darunter das für die Kenntniss orientalischer Zustände nicht am
wenigsten Lehrreiche sich einer näheren Darlegung entzieht, darf
doch so viel nicht unerwähnt bleiben, dass zunächst dem persönlichen Eintreten Herrn Nicolaus Dumbas, ferner einer Unterstützung
der Botschaft, die ich auf einer im August nach Constantinopel
unternommenen Reise erbat und in wirksamer Weise noch rechtzeitig erhielt, und schliesslich der energischen Theilnahme des
Generalagenten des österreichischen Lloyd in Constantinopel, Herrn
Forni, der uns einen seiner für die englische Flotte in Alessandria
mit Viehtransport von Odessa verkehrenden ausserordentlichen
Dampfer für die Abfuhr der Steine kostenfrei zur Verfügung stellte,
der erhoffte Schlusserfolg vornehmlich zu danken ist.

Im Hofe des Heroon gingen die Abrüstungsarbeiten ihrem
Ende entgegen. Da mit Ausnahme der Thorsteine alle Reliefblöcke
auf ihrer rückwärtigen Seite unbearbeitet waren und auf ihren
Stoss- und Lagerflächen keinerlei Merkmale zeigten, deren Erhaltung nothwendig gewesen wäre, so hatten wir uns im Hinblick
auf die grossen Vortheile einer Erleichterung, wie wohl ungern,
entschlossen sie bis auf eine Dicke von 20—25 Centimeter hinten
abarbeiten zu lassen. Ein Versuch, der mit Absägen angestellt
wurde, und für den uns Humann mit Smirgel versorgt hatte, war
zu langwierig ausgefallen, hatte auch zu viel Wasser erfordert;
das Abmeisseln erwies sich einfacher und wurde von den geübten
Steinmetzen, die unter dem Schatten aufgespannter Strohmatten
emsig am Werke waren, mit grosser Vorsicht und Sicherheit
durchgeführt.

Mit den lose gefundenen Reliefblöcken und Sarkophagüber-
resten war begonnen worden. Jedem Steine wurde im Heroon
fortlaufend eine Nummer rückwärts aufgemalt, jedem Fragment
desgleichen, und es wurde gewissenhaft jedes kleinste Theilchen
von dem vermuthet werden konnte dass es zugehörig sei, auf-
gelesen, um alles für eine einstige Restitution Verwerthbare beisammen zu haben. Allabendlich wurden die fertigen Stücke auf
kleinen Schlitten zum Lagerplatz geschleift, wo die Zimmerleute
sie in starkgearbeitete Kisten, die überdies eiserne Bereifun-
gen erhielten, einhoben und und mit Holzkeilen fest einspannten,
nachdem sie photographisch und in Zeichnungen oder Skizzen
einzeln aufgenommen worden waren. Dann kamen die noch in
den Mauern befindlichen Steine, die über angelehnten Halbstämmen
langsam herabgelassen wurden, an die Reihe, zunächst diejenigen

der Nord- und Westwand, sodann diejenigen der Südwand bis auf
das Thor, das zuletzt allein noch aufrecht stand. Manche dieser
noch' in situ vorhandenen Reliefblöcke, so namentlich diejenigen in
der Südecke der Westwand, waren vor dem Herabnehmen bereits
geborsten durch die in ihre Adern eingedrungene Vegetation; bei
einigen andern brachen Theilrisse durch während der Abnahme
oder später bei der Procedur des Abstückens, nicht unglücklich
insofern als diese schadhaft gewordenen Steine sich nothwendig
während des Transports und dann mit wirklichem Nachtheile in
Stücke aufgelöst haben würden, während sie jetzt nur um so sicherer
sich verpacken liessen und genau wieder zu vereinigen sein werden; im
Ganzen sind aber wenig Alterationen dieser Art, unvermeidlich wie
sie waren, vorgekommen und sie kommen an sich natürlich nicht in
Betracht verglichen mit der Sicherung und Erhaltung des Ganzen
durch die erfolgte Abnahme. Besondere Mühe verursachte bei den
Hilfsmitteln, über die wir verfügten, der Thürsturz, der auf Hundert
Centner, und die beiden Thürpfosten die auf je sechzig Centner
Schwere geschätzt wurden. Auch der östlich nahe am Heroon
stehende mit einer griechischen Inschrift versehene colossale Sarkophag, den die Tafel IV rechts von der Südwand auf seinem ursprünglichen Standplatze zeigt, wurde in Bewegung gesetzt, der spitzbogige Deckel und der Sargkasten in das Heroon hinauf und dann
auf der neuen Strasse, wie alle anderen Stücke, zunächst auf den
Lagerplatz gezogen.

Der Transport selbst liess sich bei der Länge des Weges, dem
nothwendigen Wechsel der Vehikel und der Unmöglichkeit, das
erforderliche Quantum Wasser weit nachzuführen und überall für
hinreichende Aufsicht zu sorgen, nur etappenweise durchführen.
Für denselben mussten zunächst die in Triest aus massivem Eichen-
holz höchst solid hergestellten Schlitten, welche zu schwer befunden
wurden, umgebaut, beziehungsweise durch neue leichtere ersetzt
werden. Dann galt es Zugthiere zu beschaffen, die in der Nähe
überhaupt nicht zu erhalten und nirgends zu miethen waren. Büffel,
die nur in den Sumpfgegenden von Phineka und in einigen Distric-
ten des Hochlandes vorkommen, wären auf dem wasserlosen Plateau und in dem ausgetrockneten Dembrethale nicht verwendbar
gewesen. Erhältlich waren nur Ochsen, eine kleine schwache Race,
die bei schlechtem Futter an keine Arbeit gewöhnt sind und in
sehr gebrechlichen völlig eisenlosen Jochen nie anders als paarweise eingespannt werden, was die Breitendimensionen des erbauten

Weges nicht überall zugelassen haben würden. Auf eigenen Reisen, zum Theile weither, aus Gjömbe bei Elmalü und von einem Juruken-häuptling in der Ebene östlich von Dembre wurden also nach und nach 21 Stück zusammengekauft, die auf neu hergestellte geeignetere Joche und isolirtes Ziehen erst einzuüben waren, zudem eine um-ständliche Fütterung erforderten und trotz aller Pflege so rasch marodirten, dass mehr als ein Stück geschlachtet werden musste.

Der nachgerade gefährlichen Gluth halber war die Tageszeit nur für kleinere Strecken zu benützen, der Haupttransport erfolgte des Nachts. Nachdem am Abend alle Schlitten, mit je einer grösseren oder mehreren kleinen Kisten beladen, sammt den Jochen, Ketten und Stricken bereit gestellt waren, wurde kurz nach Mitternacht das Lager allarmirt. Von ihren Schlafplätzen zwischen den Sar-kophagen und unter den nächsten Bäumen kamen in zerstreuten Gruppen die Arbeiter, aufgescheucht aus ihrer Ruhe die Zugthiere herbei. Auf dem kleinen Felde hinter dem Magazin, wo unter den noch in Arbeit befindlichen Kisten und Reliefblöcken die fertigen Ladungen standen, drängte trieb und schoss nun im Dunkeln Alles durcheinander, ein durch tolles Sprachengewirr und das Geheul zu-gelaufener Hunde gesteigerter Tumult, aus dem sich sehr allmählich, von den Geniesoldaten geführt, die einzelnen Züge ordneten, vor jeden Schlitten ein Ochse und zwölf bis fünfzehn Mann die an langen Seilen bald vorn bald hinten zu ziehen hatten. Dann ging es auf das Commando des Unterofficiers, das in Gesten Lauten und Sprachmissverständnissen durchschlagend wie ein Uridiom von allen verstanden wurde, unter beständigem Rufen Singen Schreien er-staunlich rasch durch die schwüle Nacht hinab. Es war ein eigen-thümlicher Anblick, den die seltsamen Gefährte mit ihrem aufge-regten Tross verschiedenartigst gebauter und bekleideter, oft auch halb nackter Gestalten, grell beleuchtet von brennenden Fackeln und Holzspänen, darboten, wenn sie die langen Ziczacwege an dem steilen Abhange des Dembrethales hinabzogen. Wie in nächt-lichem Spuck schienen Berggeister lebendig, von Zeit zu Zeit un-heimlich verschwindend oder plötzlich stockend und dann wieder hastig an den dunklen Abgründen mit Halloh hinfahrend, dem aus den dämmernden Tiefen ein leises Echo antwortete. Ruhe kam in das Thal erst wieder, wenn die Morgenröthe sich ankündigte und die Spitzen der fernen Hochalpen im ersten Lichtglanze aufleuch-teten. Dann war die Fahrt auf der ersten Etappe bei einer ver-lassenen Mühle im Thale angelangt, wo die Kisten loszubinden und abzuheben, und die leeren Schlitten zum Rücktransport auf Kameele zu laden waren. Nicht lange nach Sonnenaufgang war man todtmüde wieder oben auf dem Lagerplatze, allen voran Herr von Knaffl, der im Gedanken an mögliche Unfälle, wie sie bei einem so ungeschulten Arbeitermaterial doppelt zu gewärtigen waren, es sich nicht nehmen liess jede Fahrt bis zum Ende selbst zu begleiten Bis auf einige im Ganzen doch unerhebliche Verletzungen und vorübergehende Erkrankungsfälle lief dieser erste gefährlichste Theil des Transportes gut ab. Mitte August waren alle 167 Kisten, welche sämmtliche Friesblöcke und Sarkophagbruchstücke enthielten, bei der Mühle im Dembrethale. Nur die schweren Thor- und Sarkophagcolosse blieben zurück auf dem alten Lagerplatze, mit ihnen Herr von Knaffl nebst einer kleinen Auslese der besten Arbeiter, die sich um ihre Fortbewegung weiter bemühten, während alle übrigen mit Sack und Pack vier Stunden weit in Dembre ein neues Lager bezogen.

Wo der Dembrefluss aus der weiten Thalspalte hervorkommt, welche das westliche Dembreplateau von dem östlichen höheren Aladjadagh scheidet, tritt er in eine etwa fünfzehn Kilometer breite, acht Kilometer tiefe Küstenebene ein, die in der Hauptsache von ihm selbst geschaffen, seit dem Alterthum sich wie es scheint nicht unbeträchtlich gegen das Meer vorgeschoben hat und in beständiger Erhöhung begriffen ist. Südwestlich bei Capo Pyrgo schützt sie gegen das fluthende Meer ein niedrig verlaufender Hügelzug, welcher sicher einmal ähnlich wie Kekowa eine dem Dembreplateau vorliegende Insel war, die durch angeschwemmtes Erdreich Verbindung mit dem Lande erhielt. Weiterhin nach Osten säumen das Küstenufer lange hochaufgewellte Sanddünen, welche die Sciroccostürme immer weiter anhäufen und immer tiefer landeinwärts führen, Sonst ist Alles flache Haide und Blachfeld, dessen unermessliche Fruchtbarkeit acht zerstreute kleine Dörfchen spärlich ausbeuten, unter ihnen als das ansehnlichste der Griechenort Dembre in der Mitte der Ebene, mit einem uralten kleinen Kloster des heiligen Nikolaos und mit einigen vierzig Hütten und Häuschen, bewohnt von Castellorizoten, die daselbst für ihr allmähliges Vordringen in das Innere des Landes festen Fuss gefasst haben. Wie allerwärts ist auch hier der Stand der Agricultur überraschend niedrig; bestellt wird das Feld mit einer Pflugschar die ohne jedes Metall ist, geerntet wird ohne Wagen, die überhaupt in den allermeisten Theilen Lykiens völlig unbekannt sind. Ein Paar Feigengärten in Dembre, einige aufgetheilte Getreidefelder und umzäunte Maispflanzungen in der unmittelbarsten Nähe jedes Dorfes, das durch Baumgruppen weithin erkennbar bleibt, ist Alles was auf Cultur hindeutet; darüber hinaus liegt der Boden öde und gleicht in dem Brande des Sommers einer verlassenen Steppe, die hie und da ein weidendes Kameel, eine emporragende Palme oder eine landeinwärtsziehende armselige Karawane belebt. Ungenutzt wie die Schätze der Erde lockt die breite Fläche des Meeres, die mit ihren herrlich wechselnden Farben in jeden Blick der Landschaft hereinspielt. An der einzigen einigermassen geschützten Stelle der Küste, die jetzt trotz ihrer Klippen als Scala benützt wird, in dem östlichen Winkel von Cap Pyrgo, auf dessen Felshöhe ein antiker Wart- oder Leuchtthurm steht, landet hin und wieder ein Bot aus Castellorizo, oder eine Brigg liegt, viele Tage lang im offenen Wogengang schaukelnd, an der Mündung des Dembretschai vor Anker, um die in dem Bette desselben aus den Waldungen des Hochgebirges herabgeführten Hölzer aufzunehmen und nach Alessandria zu bringen. Verdorben und todt ruht der stattliche Hafen, der einst den Wohlstand der Gegend erschloss, und wohl noch auf lange Zeit hinaus unwiederbringlich verloren ist das reiche Leben einer glücklicheren Vergangenheit deren staunenswerthe Denkmale sich vornehmlich an zwei Plätzen erhalten haben.

Zunächst im Norden der Ebene. am Ausgange des Flussthales, wo das herabgesenkte aber noch immer ansehnlich hohe Dembreplateau mit schroffen nackten Steinwänden keilförmig wie eine Felszunge in die Ebene ragt. Hier auf der Anhöhe oberhalb des heutigen Dörfchens Köitschi dominiren die Mauern einer alten Burg, unter ihr, in eine Schlucht des Berges eingebettet die in weiten Bogen aufgereihte und von gewaltigen Quadergewölben getragene Cavea eines römischen Theaters, und zu beiden Seiten desselben die berühmten oft abgebildeten lykischen Felsgräber, welche dicht neben und übereinander bis in unzugängliche Höhen hinauf, wo zahlreiche Raubvögel horsten, die Bergwände ausgehöhlt haben. Dies sind die Ueberreste der Stadt Myra, die sich ehedem vom Berge aus nach Süden ausbreitete, weit in die Ebene hinein, unter deren hoch aufgehöhtem Erdreich bis auf einige zerrissene stumpf hervorragende Quadermauern ihre Trümmer begraben liegen.

Weniger imposant, aber weit ausgedehnter, auf eine Flucht von zwei Kilometer Länge vertheilt sind die Ruinen ihrer einstigen

Hafenstadt Andriake, welche im Westen der Ebene nördlich des Hügelzuges von Cap Pyrgo stehen, wo sie zu beiden Seiten des Andrakiflusses, in dem der antike Name des Ortes noch fortlebt, sich hinziehen. Eine halbe Stunde östlich von der Andrakibucht entfernt bricht der Andrakifluss, wohl ein Emissär der unterirdischen Gewässer die in den Hohlräumen des Dembreplateaus sich sammeln mögen, wunderbar plötzlich mit starker schwefelhaltiger Fluth aus der Tiefe hervor. Zwischen sumpfigen weithin mit Schilf und dichtem Buschwerk bestandenen Ufern fliesst er mannigfach gewunden in langsamer Strömung dem Meer zu, das ihm durch berghohe Dünen, submarine Sandbänke und eine lange quer vorgelegte Nehrung das Einmünden erschwert. Ein antiker Leuchtthurm steht auf der An. höhe südlich über der Mündung und weiter östlich von demselben auf dem Kamme der Hügelhöhe vereinzelte Trümmer anderer Anlagen, während im Thale selbst die Reste des eigentlichen Emporiums massenhaft und wild umwachsen sich ausbreiten. Der grossartige Quaderbau eines von Hadrian errichteten Kornmagazins, die Gewölbe eines antiken Bades und zahlreiche spätrömische Häusertrümmer, Grabbauten und Sarkophage umgeben in zwei weit voneinander abstehenden parallelen Zügen das Flussbett, das wohl ohne sonderlichen Aufwand sich rasch wieder in ein geschlossenes Hafenbassin umwandeln liesse. Nur im Falle der Noth legt jetzt hier eine Barke an, die auch bei Fluth nur mit Mühe über die Untiefen der Mündungstelle hinweggezogen werden kann. Die ganze Stätte, von Schwefelgeruch und Fieberdünsten erfüllt, ist von allem Verkehr selbst der Hirten gemieden, ungestört tummeln sich Schaaren von Sumpf- und Wasservögeln auf der Oberfläche und in den Uferschlupfwinkeln des trägen brakigen Stromes, in unendlicher Oede ruhen und schweigen die Ruinen, die wohl das Auge mit ihren malerischen Reizen beschäftigen aber als Zeugen einer Vergangenheit ohne Geschichte sich an keine Phantasie wenden.

Wie der Commandant des „Taurus" noch vor einer genaueren Inspection des ganzen Küstenstriches, durch die er uns beistand, es als das Räthlichste bezeichnet hatte, galt es hieher an diesen Ort, auf die lange quer vorgelegte Sandbank der Andrakimündung unsere Ausbeute zu schaffen, da ein grösseres Schiff allein in der Andrakibucht leidlichen Ankergrund und annähernd Schutz gegen Wind und Wetter finden kann; auch wäre an die Skala von Dembre bei Cap Pyrgo über die Sandfelder und Hügel der Ufergegend hinweg eine anderthalb Kilometer lange Holzbahn aufzuschlagen gewesen, während hier der Andrakifluss den Transport abkürzte. Von der ersten Etappe bei der Mühle des Dembrethales an war diese Raumstrecke für die Zugkraft der verfügbaren Thiere ungetheilt zu gross auf eine Tagfahrt. Es kostete Anstrengung genug, die ganze Masse zunächst nur bis zu dem grossen Felsengrabe von Myra, das unter der Akropolis in der Wand nach dem Fluss zu angebracht ist, oberhalb Köitschi zu schaffen. Ein baufälliger Karren, mit dem man offenbar einmal vergeblich den kühnen Versuch gewagt hatte, eine Reform des landwirthschaftlichen Verkehrs einzuführen, tagereisenweit der einzige den man auftreiben konnte, war zu hohem Preise gefälligkeitshalber dem Douanier von Dembre abgekauft worden, der sich dafür wie für andere Verbindlichkeiten späterhin durch ein grundloses Verbot des Transportes erkenntlich erwies. Auch ein neugebauter Wagen, den wir aus Smyrna erhalten hatten, war nur halbbrauchbar und in beständiger Reparatur, da seine Holztheile in der Hitze so rasch zusammenschwanden, dass nach kurzem Gebrauch die Speichen und Reifen an ihm schlotterten. Wären nicht Dank der Fürsorge Professor Zumbuschs zwei feste Lastwagen aus Wien, die sofort in vier zweirädrige Karren umgebaut wurden, in letzter Stunde noch rechtzeitig eingetroffen, so wäre ohne Zweifel die für das Einschiffen günstige Jahreszeit ungenutzt verstrichen. Auch so war ein Aufgebot aller Kräfte bis zur Erschöpfung nothwendig, um auf der doch vielfach ungleichen, stollenweise sogar stark bewegten Schottersohle des Dembrethales, die in den völlig windstillen Nächten unerträgliche Schwüle ausströmte, gehörig vorwärts zu kommen. Wie eine Belohnung wurde die letzte leichteste Wegstrecke empfunden, von Myra bis an den Anfang des Andrakiflusses, die auf durchaus glattem, von der Sonne hart gebranntem Weideboden rasch zu überwinden war. Auf diesem Stapelplatze, den zwei von uns besoldete bewaffnete Diener des Douaniers bewachten, um eine vorzeitige Einschiffung zu verhüten, lagen am 8. September alle Kisten wohlbehalten beisammen.

Unterdessen war auf Gjölbaschi mit aller Concentration an dem Transport der überschweren Sarkophag- und Thorsteine gearbeitet worden. Ein von dem Schmiede hiefür construirter vierrädriger Wagen hatte nur kurze Dienste geleistet. Die Colosse hatten auf schwere Schlitten gestellt werden müssen, und wurden einer nach dem andern auf einer Bahn von Holzschwellen an Seilen, die über Flaschenzügen nach vorn und rückwärts liefen, langsam halb herabgelassen, halb herabgezogen. Nach dem Tempo dieser Arbeit, bei dem die grösste Vorsicht zu beobachten war, und daher täglich nur zwischen drei und vier Hundert Meter Wegstrecke zurückgelegt werden konnten, war in der vorgerückten Jahreszeit leider keine Aussicht mehr auf ein rechtzeitiges Gelingen. Die Arbeiter waren am Ende ihrer Kraft und unsere Mittel für die Durchführung nicht mehr ausreichend. Obwohl es auf der Hand lag, dass ein vorläufiges Aufgeben dieser Stücke späterhin erhöhten Aufwand erheischen würde, so musste doch Angesichts dieser Sachlage ein Abbruch erfolgen, und wie ungern immer liess sich Herr von Knaffl bestimmen, jenseits der kleinen Tschukurebene am Rande des Dembrethales ein Depot für die gebrauchten Hölzer und Schlitten zu errichten und die Steine in die Nähe desselben zu bringen, von wo sie denn auch späterhin sich leichter wegschaffen lassen werden.

Diese fünf grössten Stücke und unsere sämmtlichen sonstigen Funde, einschliesslich der Münzen, wurden von dem Commissär bei der Theilung als türkischer Besitz in Anspruch genommen, während er auf Grund eines Telegramms aus Constantinopel die bereits an den Andrakifluss gebrachten Stücke in einem schriftlich aufgesetzten Acte uns zutheilen konnte.

Nachdem wir sämmtlich wieder in Dembre vereinigt und die langwierigen Verhandlungen des Theilungsactes beendet waren, ging Alles rasch und über mancherlei Stockung hinweg gut dem Ende zu. Drei aus Castellorizo requirirte Barken führten unseren Besitz in fünf Tagen an den antiken Monumenten des Andrakiflusses vorüber auf die Sandbarre, die seine Mündung sperrt. Hier hatten die wackeren Matrosen des „Taurus" auf Befehl ihres Commandanten unglaublich geschwind den Versuch ausgeführt, einen tiefen Graben aus dem Fluss in das Meer zu ziehen; aber der Wogengang verschüttete ihn dermassen, dass er nur mit übermässigen Anstrengungen offen und schiffbar zu erhalten gewesen wäre. Dafür hatte der geschickte Schiffszimmermann mit unseren Zimmerleuten vom jenseitigen westlichen Ufer der Sandbarre aus eine fünfunddreissig Meter lange leichte Flugbrücke, die auf eingerammten und mit Steinen beschwerten Holzböcken aufgeschlagen, unseren Bedürfnissen genügen konnte und im Falle hohen Seegangs sich rasch hinwegtragen liess, in das seichte Meer hinein erbaut, so dass Barken an ihrem Ende anzulegen im Stande waren. Auf Breterbahnen, die über den nachgiebigen Sandboden der Barre gelegt wurden, führten nun die herbeigeführten Wagen eine Kiste nach der andern zum Meeresstrande an die Holzbrücke, auf der sie über Walzen bis an die Ladestelle an ihrem Ende gerollt wurden. Da Barken in genügender Anzahl mit verlässlichen Leuten kaum aufzutreiben waren und das Lloydschiff uns nur auf höchstens zwei Tage, die durch hohe See verkürzt werden konnten, zu Gebote stehen durfte, so hatte ich auf den Rath des Commandanten eiligst in Rhodus einen Schooner aufgetrieben, der als Depotschiff sofort zur Stelle kam und trotz der Ränke seines Besitzers, eines Hellenen, der durch Contractbruch unsere Lage auszubeuten versuchte, schliesslich doch noch alle Kisten aufnahm. Am 15. September schon lag er, in allen Theilen des Schiffsraumes und auf Deck voll ausgestellt, zur Ueberladung bereit in den stillen Wassern der Jalibai vor Anker.

Von dem 16. an wartete auf der Höhe von Cap Pyrgo bei dem antiken Leuchtthurm ein Wächter, und an der benachbarten Scala von Dembre in der Tiefe ein Lootse in einem beflaggten Bote auf das Eintreffen des Lloyddampfers, dessen Capitän von diesen Vorkehrungen unterrichtet worden war. Während ich durch dankbare Rücksicht auf den Stab des „Taurus", dessen Assistenz in der trostlos öden Jalibai wir leider weit länger als erwartet, hatten in Anspruch nehmen müssen, mich bestimmen liess, schon am 13. mit ihm nach Rhodos zurückzukehren, blieben die Herren Knaffl und Löwy bis zum letzten Augenblick zurück. Sie erlebten dafür die Freude, die ich nach ihren eindrücklichen Erzählungen noch heute nachempfinde, dass der Lloyddampfer „Juno" fast genau auf den angekündigten Termin, am 19. Morgens in der Andrakibucht eintraf, und dass sein Commandant, Herr Martinolić, mit einer Bravour, für die ich ihm unbekannter Weise ein herzliches Dankwort nachrufe, die mühsame Ueberladung in der Jalibai unter eigener Leitung und persönlicher Untersuchung des Depotschiffs, innerhalb neun Stunden glücklich durchführte. Mit dieser Fracht kamen die zurückgebliebenen Mitglieder und Arbeiter der Expedition direct nach Constantinopel und von da auf der „Clio" am 28. September in Triest an. Anfang October lag unsere gesammte Ausbeute, durch die Liberalität des „Lloyd" und der Südbahngesellschaft kostenfrei an ihren Bestimmungsort befördert, wohlbehalten in den Depots des neuen kaiserlichen Kunstmuseums in Wien.

Aus Herwn von Gjölbaschi in Lykien
von Südosten

Druck v. A. Berger